THE SECOND 100 CHINESE CHARACTERS

TRADITIONAL CHARACTER EDITION

The Quick and Easy Method to Learn
the second 100 Basic Chinese Characters

Introduction by
Alison and Lawrence Matthews

TUTTLE PUBLISHING
Tokyo • Rutland, Vermont • Singapore

Published by Tuttle Publishing, an imprint of Periplus Editions (HK) Ltd, with editorial offices at 364 Innovation Drive, North Clarendon, Vermont 05759 and 130 Joo Seng Road, #06-01, Singapore 368357.

Copyright © 2007 by Periplus Editions (HK) Ltd.
All rights reserved.

ISBN-10: 0-8048-3833-X
ISBN-13: 978-0-8048-3833-7

Distributed by:

Japan
Tuttle Publishing
Yaekari Building 3F
5-4-12 Osaki, Shinagawa-ku
Tokyo 141-0032, Japan
Tel: (03) 5437 0171
Fax: (03) 5437 0755
Email: tuttle-sales@gol.com

North America, Latin America & Europe
Tuttle Publishing
364 Innovation Drive
North Clarendon, VT 05759-9436
Tel: (802) 773 8930
Fax: (802) 773 6993
Email: info@tuttlepublishing.com
www.tuttlepublishing.com

Asia-Pacific
Berkeley Books Pte Ltd
130 Joo Seng Road, 06-01/03
Singapore 368357
Tel: (65) 6280 1330
Fax: (65) 6280 6290
Email: inquiries@periplus.com.sg
www.periplus.com

Indonesia
PT Java Books Indonesia
Kawasan Industri Pulogadung
Jl. Rawa Gelam IV No. 9
Jakarta 13930, Indonesia
Telp. (021) 4682 1088
Fax. (021) 461 0207
Email: cs@javabooks.co.id

09 08 07 06
8 7 6 5 4 3 2 1

Printed in Singapore

TUTTLE PUBLISHING® is a registered trademark of Tuttle Publishing, a division of Periplus Editions (HK) Ltd.

Contents

Introduction 4	聽 tīng 44	知 zhī 79
歲 suì 10	音 yīn 45	道 dào 80
怎 zěn 11	樂 yuè/lè 46	別 bié/biè 81
樣 yàng 12	會 huì 47	客 kè 82
認 rèn 13	跳 tiào 48	氣 qì 83
識 shí 14	舞 wǔ 49	進 jìn 84
現 xiàn 15	對 duì 50	來 lái 85
可 kě 16	錯 cuò 51	坐 zuò 86
點 diǎn 17	才 cái 52	呀 yā 87
半 bàn 18	回 huí 53	介 jiè 88
分 fēn/fèn 19	去 qù 54	紹 shào 89
鐘 zhōng 20	所 suǒ 55	高 gāo 90
因 yīn 21	以 yǐ 56	興 xìng/xīng 91
為 wèi/wéi 22	裡 lǐ 57	漂 piāo/piǎo/piào 92
很 hěn 23	外 wài 58	亮 liàng 93
忙 máng 24	祇 zhǐ 59	口 kǒu 94
還 hái/huán 25	想 xiǎng 60	渴 kě 95
喜 xǐ 26	玩 wán 61	喝 hē/hè 96
歡 huān 27	愛 ài 62	茶 chá 97
等 děng 28	睡 shuì 63	給 gěi 98
太 tài 29	覺 jiào/jué 64	杯 bēi 99
久 jiǔ 30	找 zhǎo 65	水 shuǐ 100
週 zhōu 31	到 dào 66	就 jiù 101
末 mò 32	工 gōng 67	起 qǐ 102
打 dǎ/dá 33	作 zuò/zuō 68	床 chuáng 103
球 qiú 34	後 hòu 69	考 kǎo 104
看 kàn/kān 35	快 kuài 70	試 shì 105
書 shū 36	放 fàng 71	方 fāng 106
常 cháng 37	開 kāi 72	便 biàn/pián 107
寫 xiě 38	意 yì 73	幫 bāng 108
電 diàn 39	思 sī 74	助 zhù 109
視 shì 40	說 shuō 75	Hanyu Pinyin Index 110
唱 chàng 41	空 kòng/kōng 76	Radical Index 116
歌 gē 42	話 huà 77	English–Chinese Index 118
吧 ba/bā 43	要 yào/yāo 78	List of Radicals 128

Introduction

Learning the characters is one of the most fascinating and fun parts of learning Chinese, and people are often surprised by how much they enjoy being able to recognize them and to write them. Added to that, *writing* the characters is also the best way of *learning* them. This book shows you how to write the second 100 most common characters and gives you plenty of space to practice writing them. When you do this, you'll be learning a writing system which is one of the oldest in the world and is now used by more than a billion people around the globe every day.

In this introduction we'll talk about:
- how the characters developed;
- the difference between traditional and simplified forms of the characters;
- what the "radicals" are and why they're useful;
- how to count the writing strokes used to form each character;
- how to look up the characters in a dictionary;
- how words are created by joining two characters together; and, most importantly;
- how to write the characters!

Also, in case you're using this book on your own without a teacher, we'll tell you how to get the most out of using it.

Chinese characters are not nearly as strange and complicated as people seem to think. They're actually no more mysterious than musical notation, which most people can master in only a few months. So there's really nothing to be scared of or worried about: everyone can learn them—it just requires a bit of patience and perseverance. There are also some things which you may have heard about writing Chinese characters that aren't true. In particular, you don't need to use a special brush to write them (a ball-point pen is fine), and you don't need to be good at drawing (in fact you don't even need to have neat handwriting, although it helps!).

How many characters are there?
Thousands! You would probably need to know something like two thousand to be able to read Chinese newspapers and books, but you don't need anything like that number to read a menu, go shopping or read simple street signs and instructions. Just as you can get by in most countries knowing about a hundred words of the local language, so too you can get by in China quite well knowing a hundred common Chinese characters. And this would also be an excellent basis for learning to read and write Chinese.

How did the characters originally develop?
Chinese characters started out as pictures representing simple objects, and the first characters originally resembled the things they represented. For example:

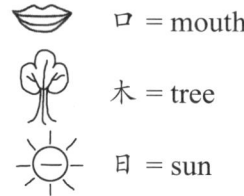

口 = mouth

木 = tree

日 = sun

Some other simple characters were pictures of "ideas":

一 one　　　二 two　　　三 three

Some of these characters kept this "pictographic" or "ideographic" quality about them, but others were gradually modified or abbreviated until many of them now look nothing like the original objects or ideas.

Then, as words were needed for things which weren't easy to draw, existing characters were "combined" to create new characters. For example, 女 (meaning "woman") combined with 子 (meaning "child") gives a new character 好 (which means "good" or "to be fond of").

Notice that when two characters are joined together like this to form a new character, they get squashed together and deformed slightly. This is so that the new, combined character will fit into the same size square or "box" as each of the original two characters. For example the character 日 "sun" becomes thinner when it is the left-hand part of the character 時 "time"; and it becomes shorter when it is the upper part of the character 星 "star". Some components got distorted and deformed even more than this in the combining process: for example when the character 人 "man" appears on the left-hand side of a complex character it gets compressed into 亻, like in the character 他 "he".

So you can see that some of the simpler characters often act as basic "building blocks" from which more complex characters are formed. This means that if you learn how to write these simple characters you'll also be learning how to write some complex ones too.

How are characters read and pronounced?

The pronunciations in this workbook refer to modern standard Chinese. This is the official language of China and is also known as "Mandarin" or "**putonghua**".

The pronunciation of Chinese characters is written out with letters of the alphabet using a romanization system called "Hanyu Pinyin"—or "**pinyin**" for short. This is the modern system used in China. In pinyin some of the letters have a different sound than in English—but if you are learning Chinese you'll already know this. We could give a description here of how to pronounce each sound, but it would take up a lot of space—and this workbook is about writing the characters, not pronouncing them! In any case, you really need to hear a teacher (or recording) pronounce the sounds out loud to get an accurate idea of what they sound like.

Each Chinese character is pronounced using only one syllable. However, in addition to the syllable, each character also has a particular *tone*, which refers to how the pitch of the voice is used. In standard Chinese there are four different tones, and in pinyin the tone is marked by placing an accent mark over the vowel as follows:

1st tone (high, flat) **mā**
2nd tone (rising) **má**
3rd tone (down-up) **mǎ**
4th tone (falling) **mà**

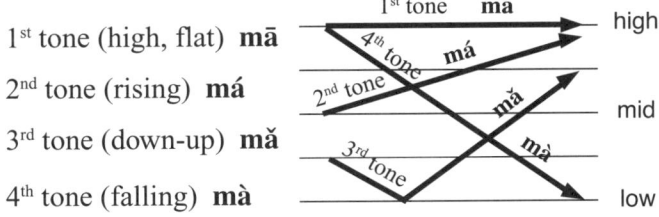

The pronunciation of each character is therefore a combination of a syllable and a tone. There are only a small number of available syllables in Chinese, and many characters therefore share the same syllable—in fact many characters share the same sound plus tone combination. They are like the English words "here" and "hear"—when they are spoken, you can only tell which is which from the context or by seeing the word in written form.

Apart from **putonghua** (modern standard Chinese), another well-known type of Chinese is Cantonese, which is spoken in southern China and in many Chinese communities around the world. In fact there are several dozen different Chinese languages, and the pronunciations of Chinese characters in these languages are all very different from each other. But the important thing to realize is that the characters themselves do *not* change. So two Chinese people who can't understand each other when they're talking together, can write to one another without any problem at all!

Simplified and traditional characters

As more and more characters were introduced over the years by combining existing characters, some of them became quite complicated. Writing them required many strokes which was time-consuming, and it became difficult to distinguish some of them, especially when the writing was small. So when writing the characters quickly in hand-written form, many people developed short-cuts and wrote them in a more simplified form. In the middle of the 20th century, the Chinese decided to create a standardised set of simplified characters to be used by everyone in China. This resulted in many of the more complicated characters being given simplified forms, making them much easier to learn and to write. Today in China, and also in Singapore, these simplified characters are used almost exclusively, and many Chinese no longer learn the old traditional forms. However the full traditional forms continue to be used in Taiwan and in overseas Chinese communities around the world.

Here are some examples of how some characters were simplified:

Traditional	Simplified
見 →	见
飯 →	饭
號 →	号
幾 →	几

Modern standard Chinese uses only simplified characters. But it is useful to be able to recognize the traditional forms as they are still used in many places outside China, and of course older books and inscriptions were also written using the traditional forms. This workbook teaches the full traditional forms. If there is a simplified form, then it is shown in a separate box on the right-hand side of the page so that you can see what it looks like.

How is Chinese written?

Chinese was traditionally written from top to bottom in columns beginning on the right-hand side of the page and working towards the left, like this:

幸福一點兒也不難擁有。祇要妳常為人著想，帶來歡樂，妳會發覺到那也是一種幸福呀！

This means that for a book printed in this way, you start by opening it at (what Westerners would think of as) the back cover. While writing in columns is sometimes considered archaic, you will still find many books, especially novels and more serious works of history, printed in this way.

Nowadays, though, most Chinese people write from left to right in horizontal lines working from the top of a page to the bottom, just as we do in English.

Are Chinese characters the same as English words?
Although each character has a meaning, it's not really true that an individual character is equivalent to an English "word". Each character is actually only a single *syllable*. In Chinese (like in English) some words are just one syllable, but most words are made up of two or more syllables joined together. The vast majority of words in Chinese actually consist of two separate characters placed together in a pair. These multi-syllable words are often referred to as "compounds", and this workbook provides a list of common compounds for each character.

Some Chinese characters are one-syllable words on their own (like the English words "if" and "you"), while other characters are only ever used as one half of a word (like the English syllables "sen" and "tence"). Some characters do both: they're like the English "light" which is happy as a word on its own, but which also links up to form words like "headlight" or "lighthouse".

The Chinese write sentences by stringing characters together in a long line from left to right (or in a column from top to bottom), with equal-sized spaces between each character. If English were written this way—as individual syllables rather than as words that are joined together—it would mean all the syllables would be written separately with spaces in between them, something like this:

If you can un der stand this sen tence you can read Chi nese too.

So in theory, you can't see which characters are paired together to form words, but in practice, once you know a bit of Chinese, you can!

Punctuation was not traditionally used when writing Chinese, but today commas, periods (full stops), quotation marks, and exclamation points are all used along with other types of punctuation which have been borrowed from English.

Two ways of putting characters together
We have looked at *combining characters* together to make new *characters*, and *pairing characters* together to make *words*. So what's the difference?

Well, when two *simple characters* are combined to form a new *complex character*, they are squashed or distorted so that the new character fits into the same size square as the original characters. The meaning of the new character *may* be related to the meaning of its components, but it frequently appears to have no connection with them at all! The new complex character also has a new single-syllable pronunciation, which may or may not be related to the pronunciation of one of its parts. For example:

女 + 也 = 她
nǚ + **yě** = **tā**
woman   also   she

日 + 月 = 明
rì + **yuè** = **míng**
sun   moon/month   bright

On the other hand, when characters are *paired together* to create *words*, the characters are simply written one after the other, normal sized, with a normal space in between (and there are no hyphens or anything to show that these characters are working together as a pair). The resulting word has a pronunciation which is *two* syllables—it is simply the pronunciations of the two individual characters one after the other. Also, you're much more likely to be able to guess the meaning of the word from the meanings of the individual characters that make it up. For example:

大 + 人 = 大人
dà + **rén** = **dà rén**
big   person   adult

姐 + 妹 = 姐妹
jiě + **mèi** = **jiě mèi**
older sister   younger sister   sisters

四 + 月 = 四月
sì + **yuè** = **sì yuè**
four   moon/month   April

再 + 见 = 再见
zài + **jiàn** = **zài jiàn**
again   see; meet   Goodbye!

Is it necessary to learn words as well as characters?
As we've said, the meaning of a compound word is often related to the meanings of the individual characters. But this is not always the case, and sometimes the word takes on a new and very specific meaning. So to be able to read Chinese sentences and understand what they mean, it isn't enough just to learn individual character—you'll also need to learn words. (In fact, many individual characters have very little meaning at all by themselves, and only take on meanings when paired with other characters).

Here are some examples of common Chinese words where the meaning of the overall word is not what you might expect from the meanings of the individual characters:

明		天		明天
míng	+	**tiān**	=	**míng tiān**
bright		day/sky		tomorrow

好		在		好在
hǎo	+	**zài**	=	**hǎo zài**
good		be present at/ live at		fortunately

If you think about it, the same thing happens in English. If you know what "battle" and "ship" mean, you can probably guess what a "battleship" might be. But this wouldn't work with "championship"! Similarly, you'd be unlikely to guess the meaning of "honeymoon" if you only knew the words "honey" and "moon".

The good news is that learning compound words can help you to learn the characters. For example, you may know (from your Chinese lessons) that **xīng qī** means "week". So when you see that this word is written 星期, you will know that 星 is pronounced **xīng**, and 期 is pronounced **qī**—even when these characters are forming part of *other* words. In fact, you will find that you remember many characters as half of some familiar word.

When you see a word written in characters, you can also often see how the word came to mean what it does. For example, **xīng qī** is 星期 which literally means "star period". This will help you to remember both the word *and* the two individual characters.

What is a stroke count?
Each Chinese character is made up of a number of pen or brush strokes. Each individual stroke is the mark made by a pen or brush before lifting it off the paper to write the next stroke. Strokes come in various shapes and sizes—a stroke can be a straight line, a curve, a bent line, a line with a hook, or a dot. There is a traditional and very specific way that every character should be written. The order and direction of the strokes are both important if the character is to have the correct appearance.

What counts as a stroke is determined by tradition and is not always obvious. For example, the small box that often appears as part of a character (like the one on page 94, in the character 口) counts as three strokes, not four! (This is because a single stroke is traditionally used to write the top and right-hand sides of the box).

All this may sound rather pedantic but it is well worth learning how to write the characters correctly and with the correct number of strokes. One reason is that knowing how to count the strokes correctly is useful for looking up characters in dictionaries, as you'll see later.

This book shows you how to write characters stroke by stroke, and once you get the feel of it you'll very quickly learn how to work out the stroke count of a character you haven't met before, and get it right!

What are radicals?
Although the earliest characters were simple drawings, most characters are complex with two or more parts. And you'll find that some simple characters appear over and over again as parts of many complex characters. Have a look at these five characters:

> 她 she
> 媽 mother
> 姐 older sister
> 好 good
> 姓 surname

All five of these characters have the same component on the left-hand side: 女, which means "woman". This component gives a clue to the meaning of the character, and is called the "radical". As you can see, most of these five characters have something to do with the idea of "woman", but as you can also see, it's not a totally reliable way of guessing the meaning of a character. (Meanings of characters are something you just have to learn, without much help from their component parts).

Unfortunately the radical isn't always on the left-hand side of a character. Sometimes it's on the right, or on the top, or on the bottom. Here are some examples:

Character	Radical	Position of radical
都	阝	right
星	日	top
您	心	bottom
這	辶	left and bottom

Because it's not always easy to tell what the radical is for a particular character, it's given explicitly in a separate box for each of the characters in this book. However, as you learn more and more characters, you'll find that you can often guess the radical just by looking at a character.

Why bother with radicals? Well, for hundreds of years Chinese dictionaries have used the radical component of each character as a way of indexing them. All characters, even the really simple ones, are assigned to one radical or another so that they can be placed within the index of a Chinese dictionary (see the next section).

Incidentally, when you take away the radical, what's left is often a clue to the *pronunciation* of the character (this remainder is called the "phonetic component"). For example, 嗎 and 媽 are formed by adding different radicals to the character 馬 "horse" which is pronounced **mǎ**. Now 嗎 is pronounced **ma** and 媽 is pronounced **mā**, so you can see that these two characters have inherited their pronunciations from the phonetic component 馬. Unfortunately these "phonetic components" aren't very dependable: for example 也 on its own is pronounced **yě** but 他 and 她 are both pronounced **tā**.

How do I find a character in an index or a dictionary?
This is a question lots of people ask, and the answer varies according to the type of dictionary you are using. Many dictionaries today are organized alphabetically by pronunciation. So if you want to look up a character in a dictionary and you know its pronunciation, then it's easy. It's when you don't know the pronunciation of a character that there's a problem, since there is no alphabetical order for characters like there is for English words.

If you don't know the pronunciation of a character, then you will need to use a radical index (which is why radicals are useful). To use this you have to know which part of the character is the radical, and you will also need to be able to count the number of strokes that make up the character. To look up 姓, for example, 女 is the radical (which has 3 strokes) and the remaining part 生 has 5 strokes. So first you find the radical 女 amongst the 3-stroke radicals in the radical index. Then, since there are lots of characters under 女, look for 姓 in the section which lists all the 女 characters which have 5-stroke remainders.

This workbook has both a Hanyu Pinyin index and a radical index. Why not get used to how these indexes work by picking a character in the book and seeing if you can find it in both of the indexes?

Many dictionaries also have a pure stroke count index (i.e. ignoring the radical). This is useful if you cannot figure out what the radical of the character is. To use this you must count up all the strokes in the character as a whole and then look the character up under that number (so you would look up 姓 under 8 strokes). As you can imagine, this type of index can leave you with long columns of characters to scan through before you find the one you're looking for, so it's usually a last resort!

All these methods have their pitfalls and complications, so recently a completely new way of looking up characters has been devised. The *Chinese Character Fast Finder* (see the inside back cover) organizes characters purely by their shapes so that you can look up any one of 3,000 characters very quickly without knowing its meaning, radical, pronunciation or stroke count!

How should I use this workbook?
One good way to learn characters is to practice writing them, especially if you think about what each character means as you write it. This will fix the characters in your memory better than if you just look at them without writing them.

If you're working on your own without a teacher, work on a few characters at a time. Go at a pace that suits you; it's much better to do small but regular amounts of writing than to do large chunks at irregular intervals. You might start with just one or two characters each day and increase this as you get better at it. Frequent repetition is the key! Try to get into a daily routine of learning a few new characters and also reviewing the ones you learned on previous days. It's also a good idea to keep a list of which characters you've learned each day, and then to "test yourself" on the characters you learned the previous day, three days ago, a week ago and a month ago. Each time you test yourself they will stay in your memory for a longer period.

But *don't* worry if you can't remember a character you wrote out ten times only yesterday! This is quite normal to begin with. Just keep going—it will all be sinking in without you realizing it.

Once you've learned a few characters you can use flash cards to test yourself on them in a random order. You can make your own set of cards, or use a ready-made set like *Chinese in a Flash* (see the inside back cover).

How do I write the characters?
Finally, let's get down to business and talk about actually writing the characters! Under each character in this book,

the first few boxes show how the character is written, stroke by stroke. There is a correct way to draw each character, and the diagrams in the boxes show you both the order to draw the strokes in, and also the direction for each stroke.

Use the three gray examples to trace over and then carry on by yourself, drawing the characters using the correct stroke order and directions. The varying thicknesses of the lines show you what the characters would look like if they were drawn with a brush, but if you're using a pencil or ball-point pen don't worry about this. Just trace down the middle of the lines and you will produce good hand-written characters.

Pay attention to the length of each of the strokes so that your finished character has the correct proportions. Use the gray dotted lines inside each box as a guide to help you start and end each stroke in the right place.

You may think that it doesn't really matter how the strokes are written as long as the end result looks the same. To some extent this is true, but there are some good reasons for knowing the "proper" way to write the characters. Firstly, it helps you to count strokes, and secondly it will make your finished character "look right", and also help you to read other people's hand-written characters later on. It's better in the long run to learn the correct method of writing the characters from the beginning because, as with so many other things, once you get into "bad" habits it can be very hard to break them!

If you are left-handed, just use your left hand as normal, but still make sure you use the correct stroke order and directions when writing the strokes. For example, draw your horizontal strokes left to right, even if it feels more natural to draw them right to left.

For each Chinese character there is a fixed, correct order in which to write the strokes. But these "stroke orders" do follow some fairly general rules. The main thing to remember is:
- Generally work left to right and top to bottom.

Some other useful guidelines are:
- Horizontal lines are written before vertical ones (see 才, page 52);
- Lines that slope down and to the left are written before those that slope down and to the right (see 分, page 19);
- A central part or vertical line is written before symmetrical or smaller lines at the sides (see 水, page 100);
- The top and sides of an outer box are written first, then whatever is inside the box, then the bottom is written last to "close" it (see 因, page 21).

As you work through the book you'll see these rules in action and get a feel for them, and you'll know how to draw virtually any Chinese character without having to be shown.

Practice, practice, practice!
Your first attempts at writing will be awkward, but as with most things you'll get better with practice. That's why there are lots of squares for you to use. And don't be too hard on yourself (we all draw clumsy-looking characters when we start); just give yourself plenty of time and practice. After a while, you'll be able to look back at your early attempts and compare them with your most recent ones, and see just how much you've improved.

After writing the same character a number of times (a row or two at most), move on to another one. Don't fill up the whole page at one sitting! Then, after writing several other characters, come back later and do a few more of the first one. Can you remember the stroke order without having to look at the diagram?

Finally, try writing out sentences, or lines of different characters, on ordinary paper. To begin with you can mark out squares to write in if you want to, but after that simply imagine the squares and try to keep your characters all equally sized and equally spaced.

Have fun, and remember—the more you practice writing the characters the easier it gets!

歲	**common words**	13 strokes
suì years old	歲月 suì yuè years 歲數 suì shu age 幾歲(?) jǐ suì how old(?) 同歲 tóng suì same age 週歲 zhōu suì first birthday; one year old	radical 止 simplified form 岁

zěn how(?); why(?)

common words

怎麼(?) **zěn me** how(?); why(?)
怎麼樣(?) **zěn me yàng** how about it(?)
怎樣(?) **zěn yàng** how about it(?)
怎麼回事(?) **zěn me huí shì** what's going on(?)
怎麼得了 **zěn me dé liǎo** express a serious condition
不怎麼 **bù zěn me** not very

9 strokes

radical
心

樣

yàng 1. appearance 2. type

common words

樣子 **yàng zi** look; appearance
樣本 **yàng běn** sample book
一樣/同樣 **yī yàng/tóng yàng** alike
花樣 **huā yàng** 1. variety 2. trick
兩樣/不一樣 **liǎng yàng/bù yī yàng** different
這樣 **zhè yàng** in this way

15 strokes

radical
木

simplified form
样

認

rèn 1. admit
2. recognize; identify

common words

認同/認可 **rèn tóng/rèn kě** approve
認錯 **rèn cuò** admit one's mistake
認為 **rèn wéi** of the opinion
認得 **rèn de** recognize; identify
認輸 **rèn shū** admit defeat
公認 **gōng rèn** acknowledge

14 strokes

radical
言

simplified form
认

識

shí 1. know; knowledge 2. recognize

common words
- 識字 shí zì literate
- 識別 shí bié distinguish; discern
- 認識 rèn shi know each other; recognize
- 知識 zhī shi knowledge
- 常識 cháng shí 1. general knowledge 2. common sense

19 strokes

radical
言

simplified form
识

現

xiàn present; now

common words
- 現在 **xiàn zài** now; at present
- 現金 **xiàn jīn** cash
- 現場 **xiàn chǎng** scene (of happenings)
- 現成 **xiàn chéng** readymade
- 表現 **biǎo xiàn** performance
- 出現 **chū xiàn** appear

11 strokes

radical
玉

simplified form
现

15

	common words	5 strokes
可	可以 **kě yǐ** can; permitted 可是 **kě shì** 1. really 2. but 可能 **kě néng** maybe; possible 可口 **kě kǒu** tasty; delicious 可見 **kě jiàn** obviously 可笑 **kě xiào** laughable; funny 還可以 **hái kě yǐ** not bad; all right	radical 口
kě can; permitted		

一 丁 丁 口 可 可 可 可

	common words	**17 strokes**
點	點頭 **diǎn tóu** nod 點心 **diǎn xīn** snack 點菜 **diǎn cài** order dishes (from a menu) 一點兒/點兒 **yī diǎnr/diǎnr** a little; a bit 三點/三點鐘 **sān diǎn/sān diǎn zhōng** three o'clock 雨點 **yǔ diǎn** raindrops 要點 **yào diǎn** main point; essential point	**radical** 黑 **simplified form** 点

diǎn 1. o'clock 2. dot; drop 3. point

			5 strokes
半	**common words** 半天 **bàn tiān** 1. half day 2. a long time 半價 **bàn jià** half price 半空 **bàn kōng** in the sky; mid air 九點半 **jiǔ diǎn bàn** half past nine 大半/多半 **dà bàn/duō bàn** majority 另一半 **lìng yī bàn** other half (of a couple)		radical 十
bàn 1. half; mid 2. very little/few			

分		common words		4 strokes
		分工 **fēn gōng** share work		radical
		分别 **fēn bié** 1. split up (work) 2. distinguish		刀（刂）
		分量 **fèn liàng** amount		
		分心 **fēn xīn** distract		
fēn/fèn 1. minute		分手 **fēn shǒu** 1. say goodbye; part 2. break up (a relationship)		
2. divide 3. point/mark		五分 **wǔ fēn** five points/marks		
		五分/五分鐘 **wǔ fēn/wǔ fēn zhōng** five minutes (time)		

丿 八 分 分 分 分 分

鐘

zhōng 1. bell 2. clock 3. time (measure)

common words

鐘聲 zhōng shēng ringing (of bells)
鐘頭 zhōng tóu hour (time)
鐘表 zhōng biǎo clocks and watches; timepiece
鐘情 zhōng qíng deeply in love
分鐘 fēn zhōng minute (time)

20 strokes

radical

金

simplified form

钟

因

yīn because (of); cause; reason

common words

因此 **yīn cǐ** so; therefore
因為 **yīn wèi** because (of)
因而 **yīn ér** thus; as a result
原因 **yuán yīn** reason
起因 **qǐ yīn** cause; origin

6 strokes

radical
口

	common words	9 strokes
為	為了 **wèi le** in order to; for	
	為什麼(?) **wèi shěn me** why(?); reason	radical
	為人 **wéi rén** a person's conduct/behavior	火 (灬)
	為生 **wéi shēng** make a living	
wèi/wéi 1. for; on	為難 **wéi nán** make things difficult (for somebody)	simplified form
behalf of 2. do; act as	為期 **wéi qī** last for a period	为
	為止 **wéi zhǐ** until ...; up to ...	

很 **hěn** very	**common words** 很高 **hěn gāo** very tall 很矮 **hěn ǎi** very short (height) 很低 **hěn dī** very low 很長 **hěn cháng** very long 很短 **hěn duǎn** very short (length) 很慢 **hěn màn** very slow 很快 **hěn kuài** very fast

9 strokes

radical

彳

23

忙	**common words** 　　　　　　　　　　　　　**6 strokes** 忙着 máng zhe busy with something 忙碌 máng lù busy　　　　　　　　　　　　**radical** 忙不忙(?) máng bu máng busy(?) 太忙了 tài máng le too busy　　　　　　　心（忄） 大忙人 dà máng rén a very busy person 幫忙 bāng máng (to) help; help 急忙 jí máng quickly; hastily
máng busy	

24

hái/huán 1. still; yet
2. return; give back

common words

還有 **hái yǒu** furthermore; moreover
還是 **hái shi** 1. still 2. had better
還好 **hái hǎo** all right; okay
還要 **hái yào** still want
還沒 **hái méi** yet to ...
還書 **huán shū** return book(s)
還價 **huán jià** counter offer (on pricing)

17 strokes

radical
辵 (辶)

simplified form
还

喜	common words	12 strokes
xǐ 1. happy 2. fond of 3. pregnancy	喜歡/喜愛 xǐ huān/xǐ ài fond of 喜事 xǐ shì happy event 喜酒 xǐ jiǔ wedding dinner 恭喜 gōng xǐ congratulate 有喜 yóu xǐ pregnant 可喜 kě xǐ heartening	radical 口

歡 **huān** 1. happy 2. vigorous	**common words** 歡樂/歡喜 **huān lè/huān xǐ** happy; joyful 歡迎 **huān yíng** welcome 歡呼 **huān hū** cheer 歡笑 **huān xiào** laugh heartily 歡送 **huān sòng** see ... off 歡心 **huān xīn** favor; fond feeling	**22 strokes** radical 欠 simplified form 欢

	common words	**12 strokes**
等	等候/等待 **děng hòu/děng dài** wait for 等到 **děng dào** wait until; by the time that ... 等等 **děng děng** ... and so on 等于 **děng yú** equals to 上等 **shàng děng** high class 下等 **xià děng** low grade; inferior 平等 **píng děng** equal	radical 竹（⺮）
děng 1. wait 2. type 3. grade; rank		

	太	common words 太好了 **tài hǎo le** That's great! 太太 **tài tai** 1. wife 2. Mrs 太子 **tài zi** crown prince 太陽 **tài yáng** sun 太空 **tài kōng** space 太平 **tài píng** peaceful 老太太/老太婆 **lǎo tài tai/lǎo tài pó** old woman	4 strokes radical 大

tài 1. extremely; too
2. senior

一 ナ 大 太 太 太 太

	common words	**3 strokes**
久	久久 jiǔ jiǔ for a very long time 久等 jiǔ děng wait for a long time 不久 bù jiǔ not a very long time; soon 好久 hǎo jiǔ a long time 永久 yǒng jiǔ forever; permanent 長久 cháng jiǔ for a long time	**radical** 丿
jiǔ 1. length of time 2. for a long time		

丿　夕　久　久　久　久

zhōu 1. week; weekly
2. around

common words
週日 zhōu rì Sunday
週末 zhōu mò weekend
週年 zhōu nián anniversary
週身 zhōu shēn all over the body
週圍/四週 zhōu wéi/sì zhōu around
週到 zhōu dào thorough

12 strokes

radical
辵(辶)

simplified form
周

mò end; last part

common words

末期 **mò qī** last phase
末日 **mò rì** doomsday
末了 **mò liǎo** last; at the end
末尾 **mò wěi** the end
末班車 **mò bān chē** last train; last bus
週末 **zhōu mò** weekend

5 strokes

radical

木

打

dǎ/dá 1. strike 2. send 3. play 4. dozen

common words

打電話 dǎ diàn huà make a phone call
打開 dǎ kāi open
打架 dǎ jià fight
打掃 dǎ sǎo clean up
打算 dǎ suan intend; plan
打扮 dǎ bàn make up; dress up
打油 dǎ yóu buy petrol

5 strokes

radical

手（扌）

球

qiú 1. ball
2. ball-shaped object

common words

球員 qiú yuán player (for a ball game)
球隊 qiú duì team (for a ball game)
球場 qiú chǎng field; pitch (for a ball game)
球鞋 qiú xié sport shoe
打球 dǎ qiú play a ball game
籃球 lán qiú basketball
足球 zú qiú football

11 strokes

radical
玉

		9 strokes
看	**common words** 看看 **kàn kan** have a look 看見 **kàn jiàn** see 看電影 **kàn diàn yǐng** go for a movie 看不起/小看 **kàn bu qǐ/xiǎo kàn** look down on 看病 **kàn bìng** 1. consult a doctor 2. see a patient 看孩子 **kān hái zi** babysit 難看 **nán kàn** ugly; don't look good	radical 目

kàn/kān 1. see; watch 2. read 3. look after

35

書	**common words**
shū 1. book; document 2. write	書本 **shū běn** book 書包 **shū bāo** school bag 書店 **shū diàn** bookstore 書房 **shū fáng** study; study room 說明書 **shuō míng shū** instruction manual 圖書館 **tú shū guǎn** library 百科全書 **bǎi kē quán shū** encyclopedia

10 strokes

radical

日

simplified form

书

常

cháng 1. often
2. common

common words

常常/時常 **cháng cháng/shí cháng** frequently
常見 **cháng jiàn** commonplace; ordinary
常年 **cháng nián** all year round
常人 **cháng rén** ordinary person; man in the street
平常 **píng cháng** ordinary; usual
正常 **zhèng cháng** normal; regular
日常 **rì cháng** everyday; daily

11 strokes

radical
巾

xiě write; compose

common words
- 寫字 **xiě zì** write characters/words
- 寫信 **xiě xìn** write a letter
- 寫作 **xiě zuò** writing; composition
- 寫生 **xiě shēng** sketch/draw from nature
- 大寫 **dà xiě** upper case; write in capital letters
- 小寫 **xiǎo xiě** lower case; write in small letters
- 填寫 **tián xiě** fill out (a form)

15 strokes

radical
宀

simplified form
写

common words

電影 **diàn yǐng** movie; film
電話 **diàn huà** telephone
電冰箱 **diàn bīng xiāng** refrigerator
電燈 **diàn dēng** eletric light
電池 **diàn chí** battery
閃電 **shǎn diàn** lightning
回電 **huí diàn** return a call (reply)

diàn 1. electricity
2. electric shock

13 strokes

radical

simplified form

視 **shì** watch; see	**common words** 視力 **shì lì** eyesight; vision 視為 **shì wéi** see as 電視 **diàn shì** 1. television program 2. television set 電視機 **diàn shì jī** television set 近視 **jìn shì** myopia; nearsightedness 遠視 **yuǎn shì** hyperopia; farsightedness	**11 strokes** **radical** 示（礻） **simplified form** 视

唱

chàng sing

common words

唱歌/歌唱 **chàng gē/gē chàng** sing
唱戲 **chàng xì** sing an opera
唱片 **chàng piàn** record; phonograph
合唱 **hé chàng** sing in chorus
高唱 **gāo chàng** sing loudly
賣唱 **mài chàng** sing for a living; busking

11 strokes

radical
口

歌

gē song

common words
- 歌星 **gē xīng** star (singer)
- 歌手 **gē shǒu** singer; vocalist
- 歌迷 **gē mí** fan of vocalists
- 國歌 **guó gē** national anthem
- 兒歌 **ér gē** nursery rhyme
- 情歌 **qíng gē** love song

14 strokes

radical

欠

吧

ba/bā modal particle

common words

吧臺 **bā tái** bar top
酒吧 **jiǔ bā** pub
好吧 **hǎo ba** Okay!; Fine!
走吧 **zǒu ba** Let's go!
看書吧 **kàn shū ba** Let's read!
再說吧 **zài shuō ba** Let's talk about it later!

7 strokes

radical

口

43

聽	**common words** 聽見/聽到 **tīng jiàn/tīng dào** heard 聽話 **tīng huà** obedient 聽寫 **tīng xiě** dictate; dictation 聽說 **tīng shuō** it is said 聽眾 **tīng zhòng** audience; listeners 打聽 **dǎ tīng** ask; inquire	**22 strokes** radical 耳 simplified form 听
tīng listen; hear		

yīn sound; tone

common words
音樂 **yīn yuè** music
音樂會 **yīn yuè huì** concert
音樂家 **yīn yuè jiā** musician
聲音 **shēng yīn** sound; voice
發音/讀音 **fā yīn/dú yīn** pronunciation
口音 **kǒu yīn** accent

9 strokes

radical
音

樂

yuè/lè 1. music 2. happy

common words

樂隊 **yuè duì** band; orchestra
樂器 **yuè qì** musical instrument
樂意 **lè yì** wiling to; ready to
樂園 **lè yuán** paradise
快樂 **kuài lè** happy
歡樂 **huān lè** happy; joyful

15 strokes

radical
木

simplified form
乐

會

huì 1. can; able to
2. meet; meeting

common words

會不會(?) **huì bu huì** know how to(?); able to(?)
會話 **huì huà** conversation; dialog
會合 **huì hé** assemble; meet
開會 **kāi huì** hold a meeting
約會 **yuē huì** date; appointment
機會 **jī huì** opportunity

13 strokes

radical
日

simplified form
会

跳

tiào 1. jump; bounce 2. beat

common words

跳高	tiào gāo	high jump
跳遠	tiào yuǎn	broad jump
跳水	tiào shuǐ	dive
跳傘	tiào sǎn	1. skydive 2. parachute
跳班	tiào bān	skip a grade/level
心跳	xīn tiào	heart palpitation; heartbeat

13 strokes

radical 足 (⻊)

wǔ dance

common words
- 舞伴 **wǔ bàn** dancing partner
- 舞會 **wǔ huì** ball (dance)
- 舞臺 **wǔ tái** stage
- 跳舞 **tiào wǔ** (to) dance
- 歌舞 **gē wǔ** song and dance
- 芭蕾舞 **bā lěi wǔ** ballet

14 strokes

radical
舛

對 duì 1. correct 2. treat 3. compare; check	**common words** 對不起 duì bu qǐ 1. sorry 2. excuse me 對手 duì shǒu opponent 對方 duì fāng other side; other party 對白 duì bái dialog (in a play/film) 不對 bù duì 1. wrong 2. odd 反對 fǎn duì diagree; against 作對 zuò duì oppose	**14 strokes** **radical** 寸 **simplified form** 对

錯

cuò mistaken; wrong

common words
- 錯字 **cuò zì** incorrectly written characters/words
- 錯過 **cuò guò** miss (a chance)
- 不錯 **bù cuò** not bad; pretty good
- 沒錯 **méi cuò** not wrong; correct
- 做錯 **zuò cuò** do wrongly
- 寫錯 **xiě cuò** write wrongly
- 弄錯/搞錯 **nòng cuò/gǎo cuò** misunderstand

16 strokes

radical
金

simplified form
错

才	**common words** 才四歲 **cái sì suì** only four years old 才能 **cái néng** talent; ability 剛才/方才 **gāng cái/fāng cái** just now 口才 **kǒu cái** eloquence 人才 **rén cái** talented person 天才 **tiān cái** genius	**3 strokes** radical 手（扌）
cái 1. only 2. talented 3. substance		

huí 1. return 2. turn around

common words
回家 **huí jiā** return home
回來 **huí lái** come back
回答 **huí dá** answer
回想 **huí xiǎng** recollect
下回 **xià huí** next time
拿回 **ná huí** take back; recover

6 strokes

radical
口

qù 1. go to 2. remove; get rid of

common words

去年 **qù nián** last year
去世 **qù shì** pass away; dead
去过 **qù guò** been to (a place)
回去 **huí qù** return; go back
出去 **chū qù** go out
过去 **guò qù** in the past
失去 **shī qù** lose

5 strokes

radical

厶

	common words	8 strokes
所	所有 suǒ yǒu 1. all 2. (one) owns/possesses 所在 suǒ zài located; location 廁所 cè suǒ toilet; bathroom 住所 zhù suǒ residence 診所 zhěn suǒ clinic 兩所醫院 liǎng suǒ yī yuàn two hospitals	radical 户
suǒ 1. place (location) 2. measure word		

以

yǐ 1. use; by means of
2. according to; because

common words

以為 **yǐ wéi** think; believe
以後 **yǐ hòu** afterward; after
以前 **yǐ qián** before; previously
以及 **yǐ jí** and; as well as
以上 **yǐ shàng** above; onward
以外 **yǐ wài** excluding; beyond
所以 **suǒ yǐ** therefore

5 strokes

radical

人

裡 lǐ in; inside; within

common words
裡面/裡邊/裡頭 lǐ miàn/lǐ bian/lǐ tou in; inside
家裡 jiā lǐ in (one's) home/family
房裡 fáng lǐ in the room
屋裡 wū lǐ in the house
心裡 xīn lǐ in the heart; mental state
鄰裡 lín lǐ neighborhood

12 strokes

radical
衣（衤）

simplified form
里

外

wài 1. relatives of one's mother 2. outside

common words

外孫	wài sūn	daughter's son
外婆	wài pó	grandmother (maternal)
外人	wài rén	outsider
外賣	wài mài	take away (service)
門外	mén wài	outside the gate/door
課外	kè wài	extracurricular

5 strokes

radical 夕

祇

zhǐ only

common words
- 祇好/祇得 **zhǐ hǒu/zhǐ dé** have to; must
- 祇是 **zhǐ shì** only
- 祇不過 **zhǐ bu guò** 1. only 2. but
- 祇要 **zhǐ yào** so long as; provided that
- 祇有 **zhǐ yǒu** only
- 不祇 **bù zhǐ** not only; not just

9 strokes

radical
衣（衤）

simplified form
只

想

xiǎng 1. think 2. reckon 3. want to

common words

想想看 **xiǎng xiǎng kàn** think about it
想起 **xiǎng qǐ** remember; recall
想要 **xiǎng yào** want to; wish for; feel like
想出/想到 **xiǎng chū/xiǎng dào** figure out; think of
想不到 **xiǎng bu dào** unexpected
猜想 **cāi xiǎng** guess; suppose

13 strokes

radical

心

玩

wán play

common words

玩耍/遊玩 **wán shuǎ/yóu wán** play
玩具 **wán jù** toy
玩弄 **wán nòng** 1. toy with 2. trick; flirt
開玩笑 **kāi wán xiào** (to) joke
好玩 **hào wán** love to play
好玩 **hǎo wán** fun; entertaining

8 strokes

radical

玉

61

愛

ài 1. love 2. enjoy

common words
- 愛好 **ài hào** hobby
- 愛心 **ài xīn** affection
- 愛上 **ài shàng** fall in love with
- 愛上網 **ài shàng wǎng** enjoy surfing (internet)
- 愛人 **ài ren** 1. spouse 2. lover
- 可愛 **kě ài** cute; adorable

13 strokes

radical
心

simplified form
爱

睡

shuì sleep

common words
- 睡醒 shuì xǐng wake up
- 睡衣 shuì yī pajamas
- 睡着 shuì zháo fall asleep
- 睡饱 shuì bǎo had a good sleep
- 想睡 xiǎng shuì feel like sleeping
- 打瞌睡 dǎ kē shuì dozing off

13 strokes

radical
目

覺

jiào/jué 1. sleep 2. feel

common words
- 睡覺 shuì jiào sleep; go to bed
- 午覺 wǔ jiào afternoon nap
- 覺得 jué de feel
- 發覺 fā jué discover; realize
- 錯覺 cuò jué illusion; misconception
- 不知不覺 bù zhī bù jué unconciously

20 strokes

radical
見

simplified form
觉

找

zhǎo 1. look for
2. return change (money)

common words

找到 **zhǎo dào** find; found
找人 **zhǎo rén** look for someone
找出 **zhǎo chū** found out
找尋 **zhǎo xún** search
找錢 **zhǎo qián** return change
找工作/找事作 **zhǎo gōng zuò/zhǎo shì zuò** look for a job

7 strokes

radical

手（扌）

65

到

dào 1. arrive 2. go 3. until

common words

到了	dào le	arrived
到處	dào chù	everywhere
得到	dé dào	get; achieve
拿到	ná dào	get hold of
說到	shuō dào	touch on; refer to
遲到	chí dào	(arrive) late
回到	huí dào	return to

8 strokes

radical 刀（刂）

工	**common words**	**3 strokes**
gōng 1. work 2. worker (in short)	工人/員工 **gōng rén/yuán gōng** worker 工作 **gōng zuò** 1. (to) work 2. job; work 工具 **gōng jù** tool 工廠 **gōng chǎng** factory 工錢/工資 **gōng qian/gōng zī** pay; wage 停工 **tíng gōng** stop work 做工/打工 **zuò gōng/dǎ gōng** (to) work	radical 工

一 丁 工 工 工 工

67

zuò/zuō 1. do
2. write 3. feel

common words

作樂 **zuò lè** enjoy oneself
作弄 **zuō nòng** tease; make fun
作業 **zuò yè** homework; task
作家/作者 **zuò jiā/zuò zhě** composer; author
作客 **zuò kè** be a guest
合作 **hé zuò** cooperate
當作 **dāng zuò** regard as; consider to be

7 strokes

radical

人（亻）

hòu 1. back; behind
2. after; later

common words

後來/然後 **hòu lái/rán hòu** afterward; and then
後面/後邊 **hòu miàn/hòu bian** back; behind
後門 **hòu mén** back door
後天 **hòu tiān** day after tomorrow
後父 **hòu fù** stepfather
今後 **jīn hòu** from now on
最後 **zuì hòu** 1. (the) last 2. finally; at last

9 strokes

radical
彳

simplified form
后

	common words	7 strokes
快 **kuài** fast; quickly; hurry up	快樂/愉快 **kuài lè/yú kuài** happy; joyful 快餐 **kuài cān** fast food 快要/快了 **kuài yào/kuài le** soon 快點兒/趕快 **kuài diǎnr/gǎn kuài** hurry up; quickly 快車 **kuài chē** express bus/train 加快 **jiā kuài** accelerate 外快 **wài kuài** supplementary income	radical 心（忄）

放

fàng 1. release
2. place; lay

common words

放心	fàng xīn	at ease
放手	fàng shǒu	let go
放下	fàng xià	lay down; let go
放假	fàng jià	(take) vacation
放屁	fàng pì	1. break wind 2. talk nonsense
放開	fàng kāi	release; set free
放火	fàng huǒ	1. set fire 2. commit arson

8 strokes

radical
攴

	common words	**12 strokes**
開	開心 kāi xīn happy	
	開花／開放 kāi huā/kāi fàng (to) flower	**radical**
	開車 kāi chē drive a car	門
	走開 zǒu kāi leave; get lost	
kāi 1. open 2. bloom	分開 fēn kāi separate	**simplified form**
3. operate; turn on	打開 dǎ kāi open	开
	白開水 bái kāi shuǐ boiled water	

意

yì 1. meaning 2. idea

common words

意見 **yì jiàn** opinion; view
意外 **yì wài** 1. accident 2. unexpected
注意 **zhù yì** pay attention; note
同意 **tóng yì** agree; accept
有意/故意 **yǒu yì/gù yì** purposely
大意 **dà yì** 1. careless 2. main meaning/idea
得意 **dé yì** complacent

13 strokes

radical

心

sī think of; consider; ponder

common words

思想 **sī xiǎng** thinking; ideology
思考 **sī kǎo** think over; ponder
意思 **yì si** meaning
有意思 **yǒu yì si** interesting
沒意思 **méi yì si** not interesting; meaningless
小意思 **xiǎo yì si** 1. That's easy! 2. small token
心思 **xīn si** 1. thinking 2. mood

9 strokes

radical
心

	common words	14 strokes
說 **shuō** speak	說明 **shuō míng** explain 說話 **shuō huà** speak 說不定 **shuō bu dìng** perhaps; may be 說大話 **shuō dà huà** (to) boast 說謊 **shuō huǎng** (to) lie 愛說笑 **ài shuō xiào** love to joke 小說 **xiǎo shuō** novel	radical 言 simplified form 说

空	**common words** 空白 **kòng bái** blank 空位 **kòng wèi** empty seat 空氣 **kōng qì** air 空中 **kōng zhōng** mid-air 天空 **tiān kōng** sky 有空 **yǒu kòng** free	**8 strokes** radical 穴

kòng/kōng 1. sky 2. empty 3. free

huà (one's) words

common words

話題 **huà tí** subject (of a conversation)
話劇 **huà jù** stage play
笑話 **xiào huà** joke
壞話 **huài huà** malicious talk
電話 **diàn huà** telephone
空話 **kōng huà** empty talk; idle talk

13 strokes

radical
言

simplified form
话

要

yào/yāo 1. need 2. want 3. ask for

common words

要是 **yào shì** if
要好 **yào hǎo** on good terms, befriend
要求 **yāo qiú** request
要不/要不然 **yào bù/yào bu rán** otherwise; or else
要緊/重要 **yào jǐn/zhòng yào** important
就要 **jiù yào** about to
須要 **xū yào** need to

9 strokes

radical
西（覀）

| | 知 | **common words**
知道 **zhī dào** know
知己 **zhī jǐ** bosom friend
明知 **míng zhī** know fully well
得知 **dé zhī** know/learn about
已知 **yǐ zhī** already known
通知/告知 **tōng zhī/gào zhī** notify; inform | **8 strokes**

radical

矢 |

zhī know; knowledge

道

dào 1. road; way
2. moral

common words

道歉	**dào qiàn**	apologize
道謝	**dào xiè**	(to) thank
道別	**dào bié**	bid farewell; part
道理	**dào li**	reasoning; doctrine
道路	**dào lù**	road
味道	**wèi dào**	taste; flavor
街道	**jiē dào**	street

13 strokes

radical

辵 (辶)

別

bié/biè 1. part 2. tuck 3. don't

common words

別的 **bié de** other
別人 **bié rén** other people
別處 **bié chù** elsewhere
別忘了 **bié wàng le** don't forget
別客氣 **bié kè qi** you're welcome; not at all
特別 **tè bié** special

7 strokes

radical
刀 （刂）

simplified form
别

kè guest

common words
- 客人 kè rén guest
- 客戶 kè hù customer
- 客廳 kè tīng living room
- 客房 kè fáng guest room
- 客氣 kè qi courteous; polite
- 常客 cháng kè regular customer
- 乘客 chéng kè passenger

9 strokes

radical 宀

氣 **qì** 1. gas 2. angry	**common words** 氣死/氣死人 **qì sǐ/qì sǐ rén** enraged 氣味 **qì wèi** smell 氣球 **qì qiú** balloon 氣候 **qì hòu** weather 氣力 **qì lì** strength 生氣 **shēng qì** angry 小氣 **xiǎo qì** 1. stingy; mean 2. in poor taste	10 strokes radical 气 simplified form 气

83

進

jìn
1. enter
2. progress

common words

進去/進入 **jìn qù/jìn rù** go in; enter; get inside
進來 **jìn lái** come in
進步 **jìn bù** show improvement
進行 **jìn xíng** carry out (an event)
上進 **shàng jìn** make progress
改進 **gǎi jìn** improve
先進 **xiān jìn** advanced

12 strokes

radical
辵 (辶)

simplified form
进

lái 1. come 2. appear

common words
來到 **lái dào** arrive
來不及 **lái bu jí** too late; cannot make it
起來 **qǐ lái** get up; rise
看來 **kàn lái** look like; appear to be
本來 **běn lái** at first; originally
從來 **cóng lái** all along; never
原來如此 **yuán lái rú cǐ** I see, that's way

8 strokes

radical
人

simplified form
来

坐

zuò 1. sit 2. ride; travel by

common words

坐下 **zuò xià** sit down
坐位 **zuò wèi** seat
坐牢 **zuò láo** imprison
坐飛機 **zuò fēi jī** travel by air/plane
坐船 **zuò chuán** travel by sea/boat
乘坐 **chéng zuò** travel by
靜坐 **jìng zuò** sit in silence

7 strokes

radical 土

| 呀 | **common word**
哎呀!/呀! **aī yā/yā** Oh!; Ah! (expresses surprise, annoyance, reluctance, etc)
來呀! **lái ya** Please come! | **7 strokes**
radical
口 |

yā/ya 1. creeking
2. sentence-ending particle

| 丨 | 口 | 口 | 口一 | 口一 | 呀 | 呀 | 呀 |

| 呀 | 呀 |

介	**common words** 介紹 **jiè shào** (to) introduce 介意 **jiè yì** mind 介詞 **jiè cí** preposition (grammar) 介入 **jiè rù** get involved; interfere 不介意 **bù jiè yì** don't mind	**4 strokes** radical 人
jiè between		

紹

shào join together; connect

common words
介紹/紹介 **jiè shào/shào jiè** (to) introduce
介紹信 **jiè shào xìn** letter of introduction

11 strokes

radical
糸

simplified form
绍

高

gāo 1. tall; high
2. senior

common words

高等	gāo děng	high level
高大	gāo dà	1. huge 2. glorious
高矮	gāo ǎi	height
高低	gāo dī	1. height 2. difference (in height/degree)
高地	gāo dì	highland
高见	gāo jiàn	opinion
高手	gāo shǒu	expert

10 strokes

radical: 高

興

xìng/xīng 1. prosper
2. excitement; happy

common words
興趣 xìng qù interest
興奮 xīng fèn excited
興奮劑 xīng fèn jì stimulant
興衝衝 xīng chōng chōng happily
高興 gāo xìng happy
掃興 sǎo xīng disappointed

15 strokes

radical
臼

simplified form
兴

漂

piāo/piǎo/piào
1. float; drift 2. rinse

common words
- 漂亮 **piào liang** beautiful; wonderful; outstanding
- 漂白 **piǎo bái** bleach
- 漂流 **piāo liú** drift
- 漂浮 **piāo fú** float

14 strokes

radical 水（氵）

liàng 1. bright 2. show

common words
亮光 **liàng guāng** light
亮晶晶 **liàng jīng jīng** sparkle
明亮 **míng liàng** bright; shiny
月亮 **yuè liàng** moon
發亮 **fā liàng** glow
照亮 **zhào liàng** illuminate

9 strokes

radical
亠

simplified form
亮

	common words	3 strokes
口	口紅 **kǒu hóng** lipstick 口袋 **kǒu dai** pocket 口氣 **kǒu qì** tone (when saying something) 胃口 **wèi kǒu** 1. appetite 2. liking (in food) 門口 **mén kǒu** doorway 入口 **rù kǒu** entrance 窗口 **chuāng kǒu** window	radical 口
kǒu 1. mouth 2. entrance; opening		

渴

kě 1. thirsty 2. eagerly

common words
渴求 **kě qiú** hunger for
渴望 **kě wàng** long for
口渴 **kǒu kě** thirsty
又渴又餓 **yòu kě yòu è** hungry and thirsty

12 strokes

radical
水（氵）

	common words		**12 strokes**
喝	喝水 **hē shuǐ** drink water		**radical**
hē/hè 1. drink 2. shout	喝茶 **hē chá** drink tea 喝酒 **hē jiǔ** drink alcohol 喝醉 **hē zuì** drunk 喝彩 **hè cǎi** applaud; cheer 請喝 **qǐng hē** please drink 好喝 **hǎo hē** taste good (drinks)		口

茶

chá tea

common words
- 茶點 chá diǎn refreshments
- 茶葉 chá yè tea leaves
- 茶具 chá jù tea set
- 茶壺 chá hú teapot
- 泡茶 pào chá make tea
- 倒茶 dào chá pour tea
- 奶茶 nǎi chá milk tea

10 strokes

radical
艸 (艹)

simplified form
茶

給

gěi 1. give 2. allow 3. for 4. ...to

common words

給以 **gěi yǐ** give
給忘了 **gěi wàng le** forgotten
送給 **sòng gěi** give as a present
賣給 **mài gěi** sell to
借給 **jiè gěi** lend to
嫁給 **jià gěi** marry to (a man)

12 strokes

radical
糸

simplified form
给

杯

bēi 1. cup
2. measure word

common words
杯子 bēi zi cup
茶杯 chá bēi teacup
世界杯 shì jiè bēi World Cup
一杯冷水 yī bēi lěng shuǐ a glass of cold water
兩杯咖啡 liǎng bēi kā fēi two cups of coffee
三杯熱茶 sān bēi rè chá three cups of hot tea

8 strokes

radical
木

水	**common words**	**4 strokes**
	水果 **shuǐ guǒ** fruit	**radical**
	水牛 **shuǐ niú** water buffalo	水
	水池 **shuǐ chí** pond	
	汗水 **hàn shuǐ** sweat	
shuǐ 1. water 2. liquid	汽水 **qì shuǐ** fizzy drink	
	薪水 **xīn shuǐ** salary	
	香水 **xiāng shuǐ** perfume	

亅　刁　水　水　水　水　水

就

jiù 1. and then; then
2. only

common words

就是 **jiù shì** 1. exactly 2. even (though) 3. only
就要 **jiù yào** about to
就算 **jiù suàn** even if
就讀 **jiù dú** study
就任 **jiù rèn** take office
成就 **chéng jiù** achievement

12 strokes

radical

尤

qǐ
1. rise
2. happen
3. begin

common words

起來/起身 **qǐ lái/qǐ shēn** get up; rise
起飛 **qǐ fēi** take off
起火 **qǐ huǒ** catch fire
拿起 **ná qǐ** pick up
看不起 **kàn bu qǐ** despise; look down on
對不起 **duì bu qǐ** 1. sorry 2. excuse me
了不起 **liǎo bu qǐ** terrific; incredible

10 strokes

radical

走

simplified form

起

牀 chuáng 1. bed 2. measure word

common words
牀單 chuáng dān bedsheet
牀上 chuáng shàng on the bed
上牀 shàng chuáng go to bed
起牀 qǐ chuáng get out (of bed)
雙人牀 shuāng rén chuáng double bed
單人牀 dān rén chuáng single bed
一牀棉被 yī chuáng mián bèi a quilt

8 strokes

radical
丬

simplified form
床

考

kǎo 1. test/exam
2. study; investigate

common words
考題 **kǎo tí** test/exam question
考生 **kǎo shēng** examinee
考上 **kǎo shàng** pass a test/exam
考慮 **kǎo lǜ** consider
考古學 **kǎo gǔ xué** archeology
補考 **bǔ kǎo** resit a test/exam

6 strokes

radical

老

試

shì 1. try; test
2. trial; experiment

common words
試試/試試看 shì shì/shì shì kàn try and see
試用 shì yòng try out
試驗 shì yàn experiment
考試 kǎo shì test/exam
口試 kǒu shì oral exam
嘗試 cháng shì try

13 strokes

radical
言

simplified form
试

方	**common words** 方法 **fāng fǎ** method 方向 **fāng xiàng** direction 四方 **sì fāng** 1. square 2. all directions 西方 **xī fāng** west; western 大方 **dà fang** 1. generous 2. elegant 地方 **dì fāng** 1. place 2. part	**4 strokes** radical 方
fāng 1. square (shape) 2. prescription		

丶 一 亠 方 方 方 方

biàn/pián 1. casual 2. then 3. excretion

common words

便飯 **biàn fàn** quick meal
便當 **biàn dāng** lunch box
便宜 **pián yi** cheap
方便 **fāng biàn** 1. convenient 2. appropriate 3. relieve oneself
以便 **yǐ biàn** in order to; so that
隨便 **suí biàn** do as one likes; casual

9 strokes

radical

人（亻）

幫

bāng 1. (to) help
2. measure word

common words

幫忙/幫助 **bāng máng/bāng zhù** (to) help; help
幫不上忙 **bāng bù shàng máng** unable to help
幫手 **bāng shǒu** assistant
幫兇 **bāng xiōng** accomplice
四幫人 **sì bāng rén** four gang of people

17 strokes

radical
巾

simplified form

助

zhù (to) help; help

common words

助手/助理 **zhù shǒu/zhù lǐ** assistant
助詞 **zhù cí** auxiliary word
幫助 **bāng zhù** (to) help; help
救助 **jiù zhù** relieve; help
贊助 **zàn zhù** sponsor
助人為樂 **zhù rén wéi lè** take pleasure in helping others

7 strokes

radical

力

Hanyu Pinyin Index

A
ài	愛	62
ài hào	愛好	62
ài ren	愛人	62
ài shàng	愛上	62
ài shàng wǎng	愛上網	62
ài shuō xiào	愛說笑	75
ài xīn	愛心	62
aī yā	哎呀!	87

B
ba/bā	吧	43
bā lěi wǔ	芭蕾舞	49
bā tái	吧臺	43
bái kāi shuǐ	白開水	72
bǎi kē quán shū	百科全書	36
bàn	半	18
bàn jià	半價	18
bàn kōng	半空	18
bàn tiān	半天	18
bāng	幫	108
bāng bù shàng máng	幫不上忙	108
bāng máng	幫忙	24/108
bāng shǒu	幫手	108
bāng xiōng	幫兇	108
bāng zhù	幫助	108/109
bēi	杯	99
bēi zi	杯子	99
běn lái	本來	85
biàn/pián	便	107
biàn dāng	便當	107
biàn fàn	便飯	107
biǎo xiàn	表現	15
bié/biè	別	81
bié chù	別處	81
bié de	別的	81
bié kè qi	別客氣	81
bié rén	別人	81
bié wàng le	別忘了	81
bù cuò	不錯	51
bù duì	不對	50
bù jiè yì	不介意	88
bù jiǔ	不久	30
bǔ kǎo	補考	104
bù yī yàng	不一樣	12
bù zěn me	不怎麼	11
bù zhǐ	不祇	59
bù zhī bù jué	不知不覺	64

C
cái	才	52
cái néng	才能	52
cái sì suì	才四歲	52
cāi xiǎng	猜想	60
cè suǒ	廁所	55
chá	茶	97
chá bēi	茶杯	99
chá diǎn	茶點	97
chá hú	茶壺	97
chá jù	茶具	97
chá yè	茶葉	97
cháng	常	37
chàng	唱	41
cháng cháng	常常	37
chàng gē	唱歌	41
cháng jiàn	常見	37
cháng jiǔ	長久	30
cháng kè	常客	82
cháng nián	常年	37
chàng piàn	唱片	41
cháng rén	常人	37
cháng shí	常識	14
cháng shì	嘗試	105
chàng xì	唱戲	41
chéng jiù	成就	101
chéng kè	乘客	82
chéng zuò	乘坐	86
chí dào	遲到	66
chū qù	出去	54
chū xiàn	出現	15
chuáng	牀	103
chuáng dān	牀單	103
chuāng kǒu	窗口	94
chuáng shàng	牀上	103
cóng lái	從來	85
cuò	錯	51
cuò guò	錯過	51
cuò jué	錯覺	64
cuò zì	錯字	51

D
dǎ/dá	打	33
dǎ bàn	打扮	33
dà bàn	大半	18
dǎ diàn huà	打電話	33
dà fang	大方	106
dǎ gōng	打工	67
dǎ jià	打架	33
dǎ kāi	打開	33/72
dǎ kē shuì	打瞌睡	63
dà máng rén	大忙人	24
dǎ qiú	打球	34
dǎ sǎo	打掃	33
dǎ suan	打算	33
dǎ tīng	打聽	44
dà xiě	大寫	38
dà yì	大意	73
dǎ yóu	打油	33
dān rén chuáng	單人牀	103
dāng zuò	當作	68
dào	到	66
dào	道	80
dào bié	道別	80
dào chá	倒茶	97
dào chù	到處	66
dào le	到了	66
dào li	道理	80
dào lù	道路	80
dào qiàn	道歉	80
dào xiè	道謝	80
dé dào	得到	66
dé yì	得意	73
dé zhī	得知	79
děng	等	28
děng dài	等待	28
děng dào	等到	28
děng děng	等等	28
děng hòu	等候	28
děng yú	等於	28
dì fāng	地方	106

diàn	電	39	
diǎn	點	17	
diàn bīng xiāng	電冰箱	39	
diǎn cài	點菜	17	
diàn chí	電池	39	
diàn dēng	電燈	39	
diàn huà	電話	39/77	
diàn shì	電視	40	
diàn shì jī	電視機	40	
diǎn tóu	點頭	17	
diǎn xīn	點心	17	
diàn yǐng	電影	39	
diǎnr	點兒	17	
dú yīn	讀音	45	
duì	對	50	
duì bái	對白	50	
duì bu qǐ	對不起	50/102	
duì fāng	對方	50	
duì shǒu	對手	50	
duō bàn	多半	18	

E

ér gē	兒歌	42	

F

fā jué	發覺	64	
fā liàng	發亮	93	
fā yīn	發音	45	
fǎn duì	反對	50	
fāng	方	106	
fàng	放	71	
fāng biàn	方便	107	
fāng cái	方才	52	
fāng fǎ	方法	106	
fàng huǒ	放火	71	
fàng jià	放假	71	
fàng kāi	放開	71	
fáng lǐ	房裡	57	
fàng pì	放屁	71	
fàng shǒu	放手	71	
fàng xià	放下	71	
fāng xiàng	方向	106	
fàng xīn	放心	71	
fēn/fèn	分	19	
fēn bié	分別	19/81	
fēn gōng	分工	19	
fēn kāi	分開	72	
fèn liàng	分量	19	
fēn shǒu	分手	19	
fēn xīn	分心	19	
fēn zhōng	分鐘	20	

G

gǎi jìn	改進	84	
gǎn kuài	趕快	70	
gāng cái	剛才	52	
gāo	高	90	
gāo ǎi	高矮	90	
gāo chàng	高唱	41	
gǎo cuò	搞錯	51	
gāo dà	高大	90	
gāo děng	高等	90	
gāo dī	高低	90	
gāo dì	高地	90	
gāo jiàn	高見	90	
gāo shǒu	高手	90	
gāo xìng	高興	91	
gào zhī	告知	79	
gē	歌	42	
gē chàng	歌唱	41	
gē mí	歌迷	42	
gē shǒu	歌手	42	
gē wǔ	歌舞	49	
gē xīng	歌星	42	
gěi	給	98	
gěi wàng le	給忘了	98	
gěi yǐ	給以	98	
gōng	工	67	
gōng chǎng	工廠	67	
gōng jù	工具	67	
gōng qian	工錢	67	
gōng rén	工人	67	
gōng rèn	公認	13	
gōng xǐ	恭喜	26	
gōng zī	工資	67	
gōng zuò	工作	67	
gù yì	故意	73	
guó gē	國歌	42	
guò qù	過去	54	

H

hái/huán	還	25	
hái hǎo	還好	25	
hái kě yǐ	還可以	16	
hái méi	還沒	25	
hái shi	還是	25	
hái yào	還要	25	
hái yǒu	還有	25	
hàn shuǐ	汗水	100	
hǎo ba	好吧	43	
hǎo hē	好喝	96	
hǎo jiǔ	好久	30	
hào wán	好玩	61	
hǎo wán	好玩	61	
hē/hè	喝	96	
hè cǎi	喝彩	96	
hē chá	喝茶	96	
hé chàng	合唱	41	
hē jiǔ	喝酒	96	
hē shuǐ	喝水	96	
hē zuì	喝醉	96	
hé zuò	合作	68	
hěn	很	23	
hěn ǎi	很矮	23	
hěn cháng	很長	23	
hěn dī	很低	23	
hěn duǎn	很短	23	
hěn gāo	很高	23	
hěn kuài	很快	23	
hěn màn	很慢	23	
hòu	後	69	
hòu bian	後邊	69	
hòu fù	後父	69	
hòu lái	後來	69	
hòu mén	後門	69	
hòu miàn	後面	69	
hòu tiān	後天	69	
huà	話	77	
huà jù	話劇	77	
huà tí	話題	77	
huā yàng	花樣	12	
huài huà	壞話	77	
huān	歡	27	
huán/hái	還	25	
huān hū	歡呼	27	
huán jià	還價	25	
huān lè	歡樂	27/46	

huán shū	還書	25	jiù	就	101	kè qi	客氣	82
huān sòng	歡送	27	jiǔ bā	酒吧	43	kě qiú	渴求	95
huān xǐ	歡喜	26	jiǔ děng	久等	30	kè rén	客人	82
huān xiào	歡笑	27	jiǔ diǎn bàn	九點半	18	kě shì	可是	16
huān xīn	歡心	27	jiù dú	就讀	101	kè tīng	客廳	82
huān yíng	歡迎	27	jiǔ jiǔ	久久	30	kè wài	課外	58
huí	回	53	jiù rèn	就任	101	kě wàng	渴望	95
huì	會	47	jiù shì	就是	101	kě xǐ	可喜	26
huì bu huì	會不會(?)	47	jiù suàn	就算	101	kě xiào	可笑	16
huí dá	回答	53	jiù yào	就要	78/101	kě yǐ	可以	16
huí dào	回到	66	jiù zhù	救助	109	kòng/kōng	空	76
huí diàn	回電	39	jué de	覺得	64	kòng bái	空白	76
huì hé	會合	47				kōng huà	空話	77
huì huà	會話	47				kōng qì	空氣	76
huí jiā	回家	53				kòng wèi	空位	76
huí lái	回來	53	**K**			kōng zhōng	空中	76
huí qù	回去	54	kāi	開	72	kǒu	口	94
huí xiǎng	回想	53	kāi chē	開車	72	kǒu cái	口才	52
			kāi fàng	開放	72	kǒu dai	口袋	94
			kāi huā	開花	72	kǒu hóng	口紅	94
			kāi huì	開會	47	kǒu kě	口渴	95
J			kāi wán xiào	開玩笑	61	kǒu qì	口氣	94
jī huì	機會	47	kāi xīn	開心	72	kǒu shì	口試	105
jí máng	急忙	24	kàn/kān	看	35	kǒu yīn	口音	45
jǐ suì	幾歲(?)	10	kàn bìng	看病	35	kuài	快	70
jià gěi	嫁給	98	kàn bu qǐ	看不起	35/102	kuài cān	快餐	70
jiā kuài	加快	70	kàn diàn yǐng	看電影	35	kuài chē	快車	70
jiā lǐ	家裡	57	kān hái zi	看孩子	35	kuài diǎnr	快點兒	70
jiào/jué	覺	64	kàn jiàn	看見	35	kuài le	快了	70
jiè	介	88	kàn kan	看看	35	kuài lè	快樂	46/70
jiè cí	介詞	88	kàn lái	看來	85	kuài yào	快要	70
jiē dào	街道	80	kàn shū ba	看書吧	43			
jiè gěi	借給	98	kǎo	考	104			
jiè rù	介入	88	kǎo gǔ xué	考古學	104	**L**		
jiè shào	介紹	88/89	kǎo lǜ	考慮	104	lái	來	85
jiè shào xìn	介紹信	89	kǎo shàng	考上	104	lái bu jí	來不及	85
jiè yì	介意	88	kǎo shēng	考生	104	lái dào	來到	85
jìn	進	84	kǎo shì	考試	105	lái ya	來呀	87
jìn bù	進步	84	kǎo tí	考題	104	lán qiú	藍球	34
jīn hòu	今後	69	kě	可	16	lǎo tài pó	老太婆	29
jìn lái	進來	84	kě	渴	95	lǎo tài tai	老太太	29
jìn qù	進去	84	kè	客	82	lè/yuè	樂	46
jìn rù	進入	84	kě ài	可愛	62	lè yì	樂意	46
jìn shì	近視	40	kè fáng	客房	82	lè yuán	樂園	46
jìn xíng	進行	84	kè hù	客戶	82	lǐ	裡	57
jìng zuò	靜坐	86	kě jiàn	可見	16	lǐ bian	裡邊	57
jué/jiào	覺	64	kě kǒu	可口	16	lǐ miàn	裡面	57
jiǔ	久	30	kě néng	可能	16			

lǐ tou	裡頭	57	
liàng	亮	93	
liǎng bēi kā fēi	兩杯咖啡	99	
liàng guāng	亮光	93	
liàng jīng jīng	亮晶晶	93	
liǎng suǒ yī yuàn	兩所醫院	55	
liǎng yàng	兩樣	12	
liǎo bu qǐ	了不起	102	
lín lǐ	鄰裡	57	
lìng yī bàn	另一半	18	

M

mài chàng	賣唱	41
mài gěi	賣給	98
máng	忙	24
máng bu máng	忙不忙(?)	24
máng lù	忙碌	24
máng zhe	忙着	24
méi cuò	沒錯	51
méi yì si	沒意思	74
mén kǒu	門口	94
mén wài	門外	58
míng liàng	明亮	93
míng zhī	明知	79
mò	末	32
mò bān chē	末班車	32
mò liǎo	末了	32
mò qī	末期	32
mò rì	末日	32
mò wěi	末尾	32

N

ná dào	拿到	66
ná huí	拿回	53
ná qǐ	拿起	102
nǎi chá	奶茶	97
nán kàn	難看	35
nòng cuò	弄錯	51

P

pào chá	泡茶	97
pián/biàn	便	107
pián yi	便宜	107
piāo/piǎo/piào	漂	92
piǎo bái	漂白	92
piāo fú	漂浮	92
piào liang	漂亮	92
piāo liú	漂流	92
píng cháng	平常	37
píng děng	平等	28

Q

qǐ	起	102
qì	氣	83
qǐ chuáng	起牀	103
qǐ fēi	起飛	102
qì hòu	氣候	83
qǐ huǒ	起火	102
qǐ lái	起來	85/102
qì lì	氣力	83
qì qiú	氣球	83
qǐ shēn	起身	102
qì shuǐ	汽水	100
qì sǐ	氣死	83
qì sǐ rén	氣死人	83
qì wèi	氣味	83
qǐ yīn	起因	21
qíng gē	情歌	42
qǐng hē	請喝	96
qiú	球	34
qiú chǎng	球場	34
qiú duì	球隊	34
qiú xié	球鞋	34
qiú yuán	球員	34
qù	去	54
qù guò	去過	54
qù nián	去年	54
qù shì	去世	54

R

rán hòu	然後	69
rèn	認	13
rén cái	人才	52
rèn cuò	認錯	13
rèn de	認得	13
rèn kě	認可	13
rèn shi	認識	14
rèn shū	認輸	13
rèn tóng	認同	13
rèn wéi	認為	13
rì cháng	日常	37
rù kǒu	入口	94

S

sān bēi rè chá	三杯熱茶	99
sān diǎn	三點	17
sān diǎn zhōng	三點鐘	17
sǎo xīng	掃興	91
shǎn diàn	閃電	39
shàng chuáng	上牀	103
shàng děng	上等	28
shàng jìn	上進	84
shào	紹	89
shào jiè	紹介	89
shēng qì	生氣	83
shēng yīn	聲音	45
shí	識	14
shì	視	40
shì	試	105
shí bié	識別	14
shí cháng	時常	37
shì jiè bēi	世界杯	99
shì shì	試試	105
shì shì kàn	試試看	105
shì yàn	試驗	105
shì yòng	試用	105
shì lì	視力	40
shī qù	失去	54
shì wéi	視為	40
shí zì	識字	14
shū	書	36
shū bāo	書包	36
shū běn	書本	36
shū diàn	書店	36
shū fáng	書房	36
shuāng rén chuáng	雙人牀	103
shuǐ	水	100
shuì	睡	63
shuì bǎo	睡飽	63
shuǐ chí	水池	100
shuǐ guǒ	水果	100
shuì jiào	睡覺	64
shuǐ niú	水牛	100

shuì xǐng	睡醒	63	tiào yuǎn	跳遠	48	**X**		
shuì yī	睡衣	63	tīng	聽	44	xǐ	喜	26
shuì zháo	睡着	63	tīng dào	聽到	44	xǐ ài	喜愛	26
shuō	説	75	tíng gōng	停工	67	xī fāng	西方	106
shuō bu dìng	説不定	75	tīng huà	聽話	44	xǐ huān	喜歡	26
shuō dà huà	説大話	75	tīng jiàn	聽見	44	xǐ jiǔ	喜酒	26
shuō dào	説到	66	tīng shuō	聽説	44	xǐ shì	喜事	26
shuō huà	説話	75	tīng xiě	聽寫	44	xià děng	下等	28
shuō huǎng	説謊	75	tīng zhòng	聽眾	44	xià huí	下回	53
shuō míng	説明	75	tóng suì	同歲	10	xiàn	現	15
shuō míng shū	説明書	36	tóng yàng	同樣	12	xiàn chǎng	現場	15
sī	思	74	tóng yì	同意	73	xiàn chéng	現成	15
sì bāng rén	四幫人	108	tōng zhī	通知	79	xiān jìn	先進	84
sì fāng	四方	106	tú shū guǎn	圖書館	36	xiàn jīn	現金	15
sī kǎo	思考	74				xiàn zài	現在	15
sī xiǎng	思想	74				xiǎng	想	60
sì zhōu	四週	31	**W**			xiǎng bu dào	想不到	60
sòng gěi	送給	98	wài	外	58	xiǎng chū	想出	60
suì	歲	10	wài kuài	外快	70	xiǎng dào	想到	60
suí biàn	隨便	107	wài mài	外賣	58	xiǎng qǐ	想起	60
suì shu	歲數	10	wài pó	外婆	58	xiāng shuǐ	香水	100
suì yuè	歲月	10	wài rén	外人	58	xiǎng shuì	想睡	63
suǒ	所	55	wài sūn	外孫	58	xiǎng xiǎng kàn		
suǒ yǐ	所以	56	wán	玩	61		想想看	60
suǒ yǒu	所有	55	wán jù	玩具	61	xiǎng yào	想要	60
suǒ zài	所在	55	wán nòng	玩弄	61	xiào huà	笑話	77
			wán shuǎ	玩耍	61	xiǎo kàn	小看	35
			wèi/wéi	為	22	xiǎo qì	小氣	83
T			wèi dào	味道	80	xiǎo shuō	小説	75
tài	太	29	wèi kǒu	胃口	94	xiǎo xiě	小寫	38
tài hǎo le	太好了	29	wèi le	為了	22	xiǎo yì si	小意思	74
tài kōng	太空	29	wéi nán	為難	22	xiě	寫	38
tài máng le	太忙了	24	wéi rén	為人	22	xiě cuò	寫錯	51
tài píng	太平	29	wèi shěn me	為什麼(?)	22	xiě shēng	寫生	38
tài tai	太太	29	wéi shēng	為生	22	xiě xìn	寫信	38
tài yáng	太陽	29	wéi qī	為期	22	xiě zì	寫字	38
tài zi	太子	29	wéi zhǐ	為止	22	xiě zuò	寫作	38
tè bié	特別	81	wǔ	舞	49	xīn lǐ	心裡	57
tiān cái	天才	52	wǔ bàn	舞伴	49	xīn shuǐ	薪水	100
tiān kōng	天空	76	wǔ fēn	五分	19	xīn si	心思	74
tián xiě	填寫	38	wǔ fēn zhōng	五分鐘	19	xīn tiào	心跳	48
tiào	跳	48	wǔ huì	舞會	49	xìng/xīng	興	91
tiào bān	跳班	48	wǔ jiào	午覺	64	xīng chōng chōng		
tiào gāo	跳高	48	wū lǐ	屋裡	57		興衝衝	91
tiào sǎn	跳傘	48	wǔ tái	舞臺	49	xīng fèn	興奮	91
tiào shuǐ	跳水	48				xīng fèn jì	興奮劑	91
tiào wǔ	跳舞	49				xìng qù	興趣	91

xū yào	須要	78	

Y

yā/ya	呀!	87
yàng	樣	12
yàng běn	樣本	12
yàng zi	樣子	12
yào/yāo	要	78
yào bù	要不	78
yào bu rán	要不然	78
yào diǎn	要點	17
yào hǎo	要好	78
yào jǐn	要緊	78
yāo qiú	要求	78
yào shì	要是	78
yǐ	以	56
yì	意	73
yī bēi lěng shuǐ	一杯冷水	99
yǐ biàn	以便	107
yī chuáng mián bèi	一牀棉被	103
yī diǎnr	一點兒	17
yǐ hòu	以後	56
yǐ jí	以及	56
yì jiàn	意見	73
yǐ qián	以前	56
yǐ shàng	以上	56
yì si	意思	74
yǐ wài	以外	56
yì wài	意外	73
yǐ wéi	以為	56
yī yàng	一樣	12
yǐ zhī	已知	79
yīn	因	21
yīn	音	45
yīn cǐ	因此	21
yīn ér	因而	21
yīn wèi	因為	21
yīn yuè	音樂	45
yīn yuè huì	音樂會	45
yīn yuè jiā	音樂家	45
yǒng jiǔ	永久	30
yòu kě yòu è	又渴又餓	95
yǒu kòng	有空	76
yóu wán	遊玩	61
yóu xǐ	有喜	26
yǒu yì	有意	73
yǒu yì si	有意思	74
yǔ diǎn	雨點	17
yú kuài	愉快	70
yuán gōng	員工	67
yuán lái rú cǐ	原來如此	85
yuǎn shì	遠視	40
yuán yīn	原因	21
yuè/lè	樂	46
yuè duì	樂隊	46
yuē huì	約會	47
yuè liàng	月亮	93
yuè qì	樂器	46

Z

zài shuō ba	再說吧	43
zàn zhù	贊助	109
zěn	怎	11
zěn me	怎麼(?)	11
zěn me dé liǎo	怎麼得了	11
zěn me huí shì	怎麼回事(?)	11
zěn me yàng	怎麼樣(?)	11
zěn yàng	怎樣(?)	11
zhǎo	找	65
zhǎo chū	找出	65
zhǎo dào	找到	65
zhǎo gōng zuò	找工作	65
zhào liàng	照亮	93
zhǎo qián	找錢	65
zhǎo rén	找人	65
zhǎo shì zuò	找事作	65
zhǎo xún	找尋	65
zhè yàng	這樣	12
zhěn suǒ	診所	55
zhèng cháng	正常	37
zhī	知	79
zhǐ	祇	59
zhǐ bu guò	祇不過	59
zhī dào	知道	79
zhǐ dé	祇得	59
zhǐ hǒu	祇好	59
zhī jǐ	知己	79
zhī shi	知識	14
zhǐ shì	祇是	59
zhǐ yào	祇要	59
zhǐ yǒu	祇有	59
zhōng	鐘	20
zhōng biǎo	鐘表	20
zhōng shēng	鐘聲	20
zhōng tóu	鐘頭	20
zhōng qíng	鐘情	20
zhòng yào	重要	78
zhōu	週	31
zhōu dào	週到	31
zhōu mò	週末	31/32
zhōu nián	週年	31
zhōu rì	週日	31
zhōu shēn	週身	31
zhōu suì	週歲	10
zhōu wéi	週圍	31
zhù	助	109
zhù cí	助詞	109
zhù lǐ	助理	109
zhù rén wéi lè	助人為樂	109
zhù shǒu	助手	109
zhù suǒ	住所	55
zhù yì	注意	73
zǒu ba	走吧	43
zǒu kāi	走開	72
zú qiú	足球	34
zuì hòu	最後	69
zuò	坐	86
zuò/zuō	作	68
zuò chuán	坐船	86
zuò cuò	做錯	51
zuò duì	作對	50
zuò fēi jī	坐飛機	86
zuò gōng	做工	67
zuò jiā	作家	68
zuò kè	作客	68
zuò láo	坐牢	86
zuò lè	作樂	68
zuō nòng	作弄	68
zuò wèi	坐位	86
zuò xià	坐下	86
zuò yè	作業	68
zuò zhě	作者	68

Radical Index

1 stroke

[丿]
久　　　jiǔ　　　30

2 strokes

[亠]
亮　　　liàng　　93

人 [亻]
以　　　yǐ　　　56
作　　　zuò/zuō　68
來　　　lái　　　85
介　　　jiè　　　88
便　　　biàn/pián 107

[十]
半　　　bàn　　　18

[厶]
去　　　qù　　　54

刀 [刂]
分　　　fēn/fèn　19
到　　　dào　　　66
別　　　bié/biè　81

[力]
助　　　zhù　　　109

3 strokes

[口]
可　　　kě　　　16
喜　　　xǐ　　　26
唱　　　chàng　　41
吧　　　ba/bā　　43
呀　　　yā/ya　　87
口　　　kǒu　　　94
喝　　　hē/hè　　96

[土]
坐　　　zuò　　　86

[夕]
外　　　wài　　　58

[囗]
因　　　yīn　　　21
回　　　huí　　　53

[大]
太　　　tài　　　29

[宀]
寫　　　xiě　　　38
客　　　kè　　　82

[寸]
對　　　duì　　　50

[工]
工　　　gōng　　67

[巾]
常　　　cháng　　37
幫　　　bāng　　108

[彳]
很　　　hěn　　　23
後　　　hòu　　　69

[尢]
就　　　jiù　　　101

4 strokes

心 [忄]
怎　　　zěn　　　11
忙　　　máng　　24
想　　　xiǎng　　60

愛　　　ài　　　62
快　　　kuài　　70
意　　　yì　　　73
思　　　sī　　　74

[戶]
所　　　suǒ　　　55

[日]
書　　　shū　　　36
會　　　huì　　　47

手 [扌]
打　　　dǎ/dá　　33
才　　　cái　　　52
找　　　zhǎo　　65

[攴]
放　　　fàng　　71

[方]
方　　　fāng　　106

[木]
樣　　　yàng　　12
末　　　mò　　　32
樂　　　yuè/lè　46
杯　　　bēi　　　99

[止]
歲　　　suì　　　10

[气]
氣　　　qì　　　83

水 [氵]
漂　　　piāo/piǎo/piào　92
渴　　　kě　　　95
水　　　shuǐ　　100

RADICAL INDEX

火 [灬]
為　　wèi/wéi　　22

[欠]
歡　　huān　　27
歌　　gē　　42

[爿]
牀　　chuáng　　103

5 strokes
[玉]
現　　xiàn　　15
球　　qiú　　34
玩　　wán　　61

[目]
看　　kàn/kān　　35
睡　　shuì　　63

示 [礻]
視　　shì　　40

[矢]
知　　zhī　　79

[穴]
空　　kòng/kōng　　76

6 strokes
竹 [⺮]
等　　děng　　28

[糸]
紹　　shào　　89
給　　gěi　　98

[老]
考　　kǎo　　104

[耳]
聽　　tīng　　44

[臼]
興　　xìng/xīng　　91

[舛]
舞　　wǔ　　49

艸 [艹]
茶　　chá　　97

衣 [衤]
裡　　lǐ　　57
祇　　zhǐ　　59

西 [覀]
要　　yào/yāo　　78

7 strokes
[見]
覺　　jiào/jué　　64

[言]
認　　rèn　　13
識　　shí　　14
說　　shuō　　75
話　　huà　　77
試　　shì　　105

[走]
起　　qǐ　　102

足 [⻊]
跳　　tiào　　48

辵 [辶]
還　　hái/huán　　25
週　　zhōu　　31
道　　dào　　80
進　　jìn　　84

8 strokes
[金]
鐘　　zhōng　　20
錯　　cuò　　51

[門]
開　　kāi　　72

[雨]
電　　diàn　　39

9 strokes
[音]
音　　yīn　　45

10 strokes
[高]
高　　gāo　　90

12 strokes
[黑]
點　　diǎn　　17

English–Chinese Index

A

a quilt 一牀棉被 yī chuáng mián bèi 103
a glass of cold water 一杯冷水 yī bēi lěng shuǐ 99
a little/a bit 一點兒/點兒 yī diǎnr/diǎnr 17
a long time 半天 bàn tiān 18; 好久 hǎo jiǔ 30
ability 才能 cái néng 52
able to 會 huì 47
able to(?) 會不會(?) huì bu huì 47
about to 就要 jiù yào 78, 101
above 以上 yǐ shàng 56
accelerate 加快 jiā kuài 70
accent 口音 kǒu yīn 45
accident 意外 yì wài 73
accomplice 幫兇 bāng xiōng 108
according to 以 yǐ 56
achieve 得到 dé dào 66
achievement 成就 chéng jiù 101
acknowledge 公認 gōng rèn 13
act as 為 wéi 22
admit 認 rèn 13
admit defeat 認輸 rèn shū 13
admit one's mistake 認錯 rèn cuò 13
adorable 可愛 kě ài 62
advanced 先進 xiān jìn 84
after 後 hòu 69
affection 愛心 ài xīn 62
after/afterward 以後 yǐ hòu 56
afterward 後來/然後 hòu lái/rán hòu 69
afternoon nap 午覺 wǔ jiào 64
against 反對 fǎn duì 50
age 歲數 suì shu 10
agree/accept 同意 tóng yì 73
Ah! 哎呀!/呀! aī yā/yā 87
air 空氣 kōng qì 76
alike 一樣/同樣 yī yàng/tóng yàng 12
all 所有 suǒ yǒu 55
all along 從來 cóng lái 85
all directions 四方 sì fāng 106
all over the body 週身 zhōu shēn 31
all right 還可以 hái kě yǐ 16; 還好 hài hǎo 25
all year round 常年 cháng nián 37
allow 給 gěi 98
already know 已知 yǐ zhī 79
amount 分量 fèn liàng 19
and 以及 yǐ jí 56
...and so on 等等 děng děng 28
and then 後來/然後 hòu lái/rán hòu 69; 就 jiù 101
angry 氣/生氣 qì/shēng qì 83

anniversary 週年 zhōu nián 31
answer 回答 huí dá 53
apologize 道歉 dào qiàn 80
appear 出現 chū xiàn 15; 來 lái 85
appear to be 看來 kàn lái 85
appearance 樣/樣子 yàng/yàng zi 12
appetite 胃口 wèi kǒu 94
applaud 喝彩 hè cǎi 96
appointment 約會 yuē huì 47
appropriate 方便 fāng biàn 107
approve 認同/認可 rèn tóng/rèn kě 13
archeology 考古學 kǎo gǔ xué 104
arrive 到 dào 66; 來到 lái dào 85
arrived 到了 dào le 66
around 週/週圍/四週 zhōu/zhōu wéi/sì zhōu 31
as a result 因而 yīn ér 21
as well as 以及 yǐ jí 56
assistant 幫手 bāng shǒu 108; 助手/助理 zhù shǒu/zhù lǐ 109
ask/inquire 打聽 dǎ tīng 44
ask for 要 yào 78
assemble 會合 huì hé 47
at ease 放心 fàng xīn 71
at first 本來 běn lái 85
at last 最後 zuì hòu 69
at present 現在 xiàn zài 15
at the end 末了 mò liǎo 32
audience 聽眾 tīng zhòng 44
author 作家/作者 zuò jiā/zuò zhě 68
auxiliary word 助詞 zhù cí 109

B

babysit 看孩子 kān hái zi 35
back 後/後面/後邊 hòu/hòu miàn/hòu bian 69
back door 後門 hòu mén 69
ball 球 qiú 34
ball (dance) 舞會 wǔ huì 49
ball-shaped object 球 qiú 34
ballet 芭蕾舞 bā lěi wǔ 49
balloon 氣球 qì qiú 83
band 樂隊 yuè duì 46
bar top 吧臺 bā tái 43
basketball 藍球 lán qiú 34
bathroom 廁所 cè suǒ 55
battery 電池 diàn chí 39
be a guest 作客 zuò kè 68
beat 跳 tiào 48

ENGLISH–CHINESE INDEX

beautiful 漂亮 piào liang *92*
because (of) 因/因為 yīn/yīn wèi *21*; 以 yǐ *56*
bed 牀 chuáng *103*
bedsheet 牀單 chuáng dān *103*
been to (a place) 去過 qù guò *54*
before 以前 yǐ qián *56*
befriend 要好 yào hǎo *78*
begin 起 qǐ *102*
behind 後/後面/後邊 hòu/hòu miàn/hòu bian *69*
believe/think 以為 yǐ wéi *56*
bell 鐘 zhōng *20*
between 介 jiè *88*
beyond 以外 yǐ wài *56*
bid farewell 道別 dào bié *80*
blank 空白 kòng bái *76*
bleach 漂白 piǎo bái *92*
bloom 開 kāi *72*
(to) boast 說大話 shuō dà huà *75*
boiled water 白開水 bái kāi shuǐ *72*
book 書/書本 shū/shū běn *36*
bookstore 書店 shū diàn *36*
bosom friend 知己 zhī jǐ *79*
bounce 跳 tiào *48*
break up (a relationship) 分手 fēn shǒu *19*
break wind 放屁 fàng pì *71*
bright 亮/明亮 liàng/míng liàng *93*
broad jump 跳遠 tiào yuǎn *48*
busking 賣唱 mài chàng *41*
busy 忙/忙碌 máng/máng lù *24*
busy? 忙不忙? máng bu máng *24*
busy with something 忙着 máng zhe *24*
but 可是 kě shì *16*; 祇不過 zhǐ bu guò *59*
buy petrol 打油 dǎ yóu *33*
by means of 以 yǐ *56*
by the time that... 等到 děng dào *28*

C

can 可/可以 kě/kě yǐ *16*; 會 huì *47*
cannot make it 來不及 lái bu jí *85*
careless 大意 dà yì *73*
carry out 進行 jìn xíng *84*
cash 現金 xiàn jīn *15*
casual 便/隨便 biàn/suí biàn *107*
catch fire 起火 qǐ huǒ *102*
cause/origin 因/起因 yīn/qǐ yīn *21*
cheap 便宜 pián yi *107*
cheer 歡呼 huān hū *27*; 喝彩 hè cǎi *96*
clean up 打掃 dǎ sǎo *33*
clinic 診所 zhěn suǒ *55*

clock 鐘 zhōng *20*
clocks and watches 鐘表 zhōng biǎo *20*
come 來 lái *85*
come back 回來 huí lái *53*
come in 進來 jìn lái *84*
commit arson 放火 fàng huǒ *71*
common 常 cháng *37*
common sense 常識 cháng shí *14*
commonplace 常見 cháng jiàn *37*
compare/check 對 duì *50*
complacent 得意 dé yì *73*
compose 寫 xiě *38*
composer 作家/作者 zuò jiā/zuò zhě *68*
composition 寫作 xiě zuò *38*
concert 音樂會 yīn yuè huì *45*
(a person's) conduct/behavior 為人 wéi rén *22*
congratulate 恭喜 gōng xǐ *26*
connect 紹 shào *89*
consider 思 sī *74*; 考慮 kǎo lǜ *104*
consider to be 當作 dāng zuò *68*
consult a doctor 看病 kàn bìng *35*
convenient 方便 fāng biàn *107*
conversation 會話 huì huà *47*
cooperate 合作 hé zuò *68*
correct 對 duì *50*; 沒錯 méi cuò *51*
counter offer (on pricing) 還價 huán jià *25*
courteous 客氣 kè qi *82*
crown prince 太子 tài zi *29*
cup 杯/杯子 bēi/bēi zi *99*
customer 客戶 kè hù *82*
cute 可愛 kě ài *62*

D

daily 日常 rì cháng *37*
dance 舞 wǔ *49*
(to) dance 跳舞 tiào wǔ *49*
dancing partner 舞伴 wǔ bàn *49*
date 約會 yuē huì *47*
daughter's son 外孫 wài sūn *58*
day after tomorrow 後天 hòu tiān *69*
dead/pass away 去世 qù shì *54*
deeply in love 鐘情 zhōng qíng *20*
delicious 可口 kě kǒu *16*
despise 看不起 kàn bu qǐ *102*
dialog 會話 huì huà *47*
dialog (in a play/film) 對白 duì bái *50*
dictate/dictation 聽寫 tīng xiě *44*
different 兩樣/不一樣 liǎng yàng/bù yī yàng *12*
difference (in height/degree) 高低 gāo dī *90*

direction 方向 fāng xiàng *106*
disagree 反對 fǎn duì *50*
disappointed 掃興 sǎo xīng *91*
discern 識別 shí bié *14*
discover 發覺 fā jué *64*
distinguish 識別 shí bié *14*; 分別 fēn bié *19*
distract 分心 fēn xīn *19*
dive 跳水 tiào shuǐ *48*
divide 分 fēn *19*
do 為 wéi *22*
do/make 作 zuò *68*
do as one likes 隨便 suí biàn *107*
do wrongly 做錯 zuò cuò *51*
doctrine 道理 dào li *80*
document 書 shū *36*
don't 別 bié *81*
don't forget 別忘了 bié wàng le *81*
don't look good 難看 nán kàn *35*
don't mind 不介意 bù jiè yì *88*
doomsday 末日 mò rì *32*
doorway 門口 mén kǒu *94*
dot 點 diǎn *17*
double bed 雙人牀 shuāng rén chuáng *103*
dozen 打 dá *33*
dozing off 打瞌睡 dǎ kē shuì *63*
draw from nature 寫生 xiě shēng *38*
dress up/make up 打扮 dǎ bàn *33*
drift 漂/漂流 piāo/piāo liú *92*
drink 喝 hē *96*
drink alcohol 喝酒 hē jiǔ *96*
drink tea 喝茶 hē chá *96*
drink water 喝水 hē shuǐ *96*
drive a car 開車 kāi chē *72*
drop 點 diǎn *17*
drunk 喝醉 hē zuì *96*

E

eagerly 渴 kě *95*
electric light 電燈 diàn dēng *39*
electric shock 電 diàn *39*
electricity 電 diàn *39*
elegant 大方 dà fang *106*
eloquence 口才 kǒu cái *52*
elsewhere 別處 bié chù *81*
empty 空 kōng *76*
empty seat 空位 kòng wèi *76*
empty talk 空話 kōng huà *77*
encyclopedia 百科全書 bǎi kē quán shū *36*
end/last part 末 mò *32*

enjoy 愛 ài *62*
enjoy oneself 作樂 zuò lè *68*
enjoy surfing (internet) 愛上網 ài shàng wǎng *62*
enraged 氣死/氣死人 qì sǐ/qì sǐ rén *83*
enter 進/進去/進入 jìn/jìn qù/jìn rù *84*
entrance 口/入口 kǒu/rù kǒu *94*
entertaining 好玩 hǎo wán *61*
equal 平等 píng děng *28*
equals to 等于 děng yú *28*
essential point 要點 yào diǎn *17*
even if 就算 jiù suàn *101*
even (though) 就是 jiù shì *101*
everyday 日常 rì cháng *37*
everywhere 到處 dào chù *66*
exactly 就是 jiù shì *101*
exam/test 考 kǎo *104*; 考試 kǎo shì *105*
exam question 考題 kǎo tí *104*
examinee 考生 kǎo shēng *104*
excited 興奮 xīng fén *91*
excitement 興 xìng/xīng *91*
excluding 以外 yǐ wài *56*
excretion 便 biàn *107*
excuse me 對不起 duì bu qǐ *50, 102*
expert 高手 gāo shǒu *90*
experiment 試/試驗 shì/shì yàn *105*
explain 說明 shuō míng *75*
express a serious condition 怎麼得了 zěn me dé liǎo *11*
express bus/train 快車 kuài chē *70*
extracurricular 課外 kè wài *58*
extremely 太 tài *29*
eyesight 視力 shì lì *40*

F

factory 工廠 gōng chǎng *67*
fall asleep 睡着 shuì zháo *63*
fall in love with 愛上 ài shàng *62*
fan (of vocalists) 歌迷 gē mí *42*
farsightedness 遠視 yuǎn shì *40*
fast 快 kuài *70*
fast food 快餐 kuài cān *70*
favor/fond feeling 歡心 huān xīn *27*
feel 覺/覺得 jué/jué de *64*; 作 zuò *68*
feel like 想要 xiǎng yào *60*
feel like sleeping 想睡 xiǎng shuì *63*
field (for a ball game) 球場 qiú chǎng *34*
fight 打架 dǎ jià *33*
figure out 想出/想到 xiǎng chū/xiǎng dào *60*
fill out (a form) 填寫 tián xiě *38*

film/movie 電影 diàn yǐng *39*
finally 最後 zuì hòu *69*
find/found 找到 zhǎo dào *65*
Fine! 好吧 hǎo ba *43*
first birthday 週歲 zhōu suì *10*
five minutes (time) 五分/五分鐘 wǔ fēn/wǔ fēn zhōng *19*
five points/marks 五分 wǔ fēn *19*
fizzy drink 汽水 qì shuǐ *100*
flavor 味道 wèi dào *80*
flirt 玩弄 wán nòng *61*
float 漂/漂浮 piāo/piāo fú *92*
(to) flower 開花/開放 kāi huā/kāi fàng *72*
fond of 喜/喜歡/喜愛 xǐ/xǐ huān/xǐ ài *26*
football 足球 zú qiú *34*
for 為/為了 wéi/wèi le *22*; 給 gěi *98*
for a long time 久/長久 jiǔ/cháng jiǔ *30*
for a very long time 久久 jiǔ jiǔ *30*
forever 永久 yǒng jiǔ *30*
forgotten 給忘了 gěi wàng le *98*
found out 找出 zhǎo chū *65*
four gang of people 四幫人 sì bāng rén *108*
free 空/有空 kòng/yǒu kòng *76*
frequently 常常/時常 cháng cháng/shí cháng *37*
from now on 今後 jīn hòu *69*
fruit 水果 shuǐ guǒ *100*
fun 好玩 hǎo wán *61*
funny 可笑 kě xiào *16*
furthermore 還有 hái yǒu *25*

G

gas 氣 qì *83*
general knowledge 常識 cháng shí *14*
generous 大方 dà fang *106*
genius 天才 tiān cái *52*
get 得到 dé dào *66*
get hold of 拿到 ná dào *66*
get inside 進去/進入 jìn qù/jìn rù *84*
get involved 介入 jiè rù *88*
get lost 走開 zǒu kāi *72*
get out (of bed) 起牀 qǐ chuáng *103*
get rid of/remove 去 qù *54*
get up 起來 qǐ lái *85*
give 給/給以 gěi/gěi yǐ *98*
give as a present 送給 sòng gěi *98*
glorious 高大 gāo dà *90*
glow 發亮 fā liàng *93*
go for a movie 看電影 kàn diàn yǐng *35*
go 到 dào *66*

go back 回去 huí qù *54*
go in 進去/進入 jìn qù/jìn rù *84*
go out 出去 chū qù *54*
go to 去 qù *54*
go to bed 睡覺 shuì jiào *64*; 上牀 shàng chuáng *103*
grade/rank 等 děng *28*
grandmother (maternal) 外婆 wài pó *58*
guess 猜想 cāi xiǎng *60*
guest 客/客人 kè/kè rén *82*
guest room 客房 kè fáng *82*

H

had a good sleep 睡飽 shuì bǎo *63*
had better 還是 hái shi *25*
half 半 bàn *18*
half day 半天 bàn tiān *18*
half past nine 九點半 jiǔ diǎn bàn *18*
happen 起 qǐ *102*
happily 興衝衝 xīng chōng chōng *91*
happy 喜 xǐ *26*; 歡 huān *27*; 樂 lè *46*; 快樂/愉快 kuài lè/yú kuài *70*
happy 歡喜 huān xǐ *27*; 歡樂 huān lè *27, 46*; 開心 kāi xīn *72*; 興/高興 xìng/gāo xìng *91*
happy event 喜事 xǐ shì *26*
hastily 急忙 jí máng *24*
have a look 看看 kàn kan *35*
have to 祇好/祇得 zhǐ hǎo/zhǐ dé *59*
hear 聽 tīng *44*
heard 聽見/聽到 tīng jiàn/tīng dào *44*
heart palpitation/heartbeat 心跳 xīn tiào *48*
heartening 可喜 kě xǐ *26*
height 高矮/高低 gāo ǎi/gāo dī *90*
(to) help 幫 bāng *108*
(to) help/help 幫忙 bāng máng *24, 108*; 幫助 bāng zhù *108, 109*; 助 zhù *109*
high 高 gāo *90*
high class 上等 shàng děng *28*
high jump 跳高 tiào gāo *48*
high level 高等 gāo děng *90*
highland 高地 gāo dì *90*
hobby 愛好 ài hào *62*
hold a meeting 開會 kāi huì *47*
homework 作業 zuò yè *68*
hour (time) 鐘頭 zhōng tóu *20*
how(?) 怎/怎麼(?) zěn/zěn me *11*
how about it(?) 怎樣(?)/怎麼樣(?) zěn yàng/zěn me yàng *11*
how old(?) 幾歲(?) jǐ suì *10*
huge 高大 gāo dà *90*

ENGLISH–CHINESE INDEX

hunger for 渴求 kě qiú 95
hungry and thirsty 又渴又餓 yòu kě yòu è 95
hurry up 快/快點兒/趕快 kuài/kuài diǎnr/gǎn kuài 70
hyperopia/farsightedness 遠視 yuǎn shì 40

I

idea 意 yì 73
identify 認/認得 rèn/rèn de 13
ideology 思想 sī xiǎng 74
idle talk 空話 kōng huà 77
if 要是 yào shì 78
illuminate 照亮 zhào liàng 93
illusion 錯覺 cuò jué 64
important 要緊/重要 yào jǐn/zhòng yāo 78
imprison 坐牢 zuò láo 86
improve 改進 gǎi jìn 84
in/inside 裡/裡面/裡邊/裡頭 lǐ/lǐ miàn/lǐ bian/lǐ tou 57
in (one's) home/family 家裡 jiā lǐ 57
in order to 為了 wèi le 22; 以便 yǐ biàn 107
in poor taste 小氣 xiǎo qì 83
in the heart 心裡 xīn lǐ 57
in the house 屋裡 wū lǐ 57
in the past 過去 guò qù 54
in the room 房裡 fáng lǐ 57
in the sky 半空 bàn kōng 18
in this way 這樣 zhè yàng 12
incorrectly written characters/words 錯字 cuò zì 51
incredible 了不起 liǎo bu qǐ 102
inferior/low grade 下等 xià děng 28
inform 通知/告知 tōng zhī/gào zhī 79
inquire 打聽 dǎ tīng 44
instruction manual 說明書 shuō míng shū 36
intend 打算 dǎ suan 33
interest 興趣 xìng qù 91
interesting 有意思 yǒu yì si 74
interfere 介入 jiè rù 88
(to) introduce 介紹 jiè shào 88, 89; 紹介 shào jiè 89
it is said 聽說 tīng shuō 44

J

job 工/工作 gōng/gōng zuò 67
join together 紹 shào 89
joke 笑話 xiào huà 77
(to) joke 開玩笑 kāi wán xiào 61
joyful 歡喜/歡樂 huān xǐ/huān le 27; 快樂/愉快 kuài lè/yú kuài 70

jump 跳 tiào 48
just now 剛才/方才 gāng cái/fāng cái 52

K

know 識 shí 14; 知/知道 zhī/zhī dào 79
know/learn about 得知 dé zhī 79
know each other 認識 rèn shi 14
know fully well 明知 míng zhī 79
know how to(?) 會不會(?) huì bu huì 47
knowledge 識/知識 shí/zhī shi 14; 知/知道 zhī/zhī dào 79

L

last 末了 mò liǎo 32
(the) last 最後 zuì hòu 69
last for a period 為期 wéi qī 22
last part/end 末 mò 32
last phase 末期 mò qī 32
last train/bus 末班車 mò bān chē 32
last year 去年 qù nián 54
(arrive) late 遲到 chí dào 66
later 後 hòu 69
laugh heartily 歡笑 huān xiào 27
laughable 可笑 kě xiào 16
lay 放 fàng 71
lay down 放下 fàng xià 71
leave 走開 zǒu kāi 72
lend to 借給 jiè gěi 98
length of time 久 jiǔ 30
let go 放手/放下 fàng shǒu/fàng xià 71
Let's go! 走吧 zǒu ba 43
Let's read! 看書吧 kàn shū ba 43
Let's talk about it later! 再說吧 zài shuō ba 43
letter of introduction 介紹信 jiè shào xìn 89
library 圖書館 tú shū guǎn 36
(to) lie 說謊 shuō huǎng 75
light 亮光 liàng guāng 93
light (electric) 電燈 diàn dēng 39
lightning 閃電 shǎn diàn 39
liking (in food) 胃口 wèi kǒu 94
lipstick 口紅 kǒu hóng 94
liquid 水 shuǐ 100
listen 聽 tīng 44
listeners 聽眾 tīng zhòng 44
literate 識字 shí zì 14
living room 客廳 kè tīng 82
located/location 所在 suǒ zài 55
long for 渴望 kě wàng 95

look (of a person) 樣子 yàng zi 12
look after 看 kān 35
look down on 小看 xiǎo kàn 35; 看不起 kàn bu qǐ 35, 102
look for 找 zhǎo 65
look for a job 找工作/找事作 zhǎo gōng zuò/zhǎo shì zuò 65
look for someone 找人 zhǎo rén 65
look like 看來 kàn lái 85
lose 失去 shī qù 54
love 愛 ài 62
love song 情歌 qíng gē 42
love to joke 愛說笑 ài shuō xiào 75
love to play 好玩 hào wán 61
lover 愛人 ài ren 62
low grade/inferior 下等 xià děng 28
lower case (in small letters) 小寫 xiǎo xiě 38
lunch box 便當 biàn dāng 107

M
main meaning/idea 大意 dà yì 73
main point 要點 yào diǎn 17
majority 大半/多半 dà bàn/duō bàn 18
make a living 為生 wéi shēng 22
make a phone call 打電話 dǎ diàn huà 33
make fun 作弄 zuò nòng 68
make progress 上進 shàng jìn 84
make tea 泡茶 pào chá 97
make things difficult (for somebody) 為難 wéi nán 22
make up/dress up 打扮 dǎ bàn 33
malicious talk 壞話 huài huà 77
man in the street 常人 cháng rén 37
mark/point (score) 分 fēn 19
marry to (a man) 嫁給 jià gěi 98
may be 可能 kě néng 16; 說不定 shuō bu dìng 75
mean/stingy 小氣 xiǎo qì 83
meaning 意 yì 73; 意思 yì si 74
meaningless 沒意思 méi yì si 74
measure word (for buildings) 所 suǒ 55
measure word (for drinks/liquid) 杯 bēi 99
measure word (for padded sheets) 床 chuáng 103
measure word (gang) 幫 bāng 108
meet/meeting 會 huì 47
meet 會合 huì hé 47
mental state 心裡 xīn lǐ 57
method 方法 fāng fǎ 106
mid 半 bàn 18
mid air 半空 bàn kōng 18; 空中 kōng zhōng 76

milk tea 奶茶 nǎi chá 97
mind 介意 jiè yì 88
minute (time) 分 fēn 19; 分鐘 fēn zhōng 20
misconception 錯覺 cuò jué 64
miss (a chance) 錯過 cuò guò 51
mistaken 錯 cuò 51
misunderstand 弄錯/搞錯 nòng cuò/gǎo cuò 51
modal particle 吧 ba 43
mood 心思 xīn si 74
moon 月亮 yuè liàng 93
moral 道 dào 80
moreover 還有 hái yǒu 25
mouth 口 kǒu 94
movie 電影 diàn yǐng 39
Mrs 太太 tài tai 29
music 音樂 yīn yuè 45; 樂 yuè 46
musical instrument 樂器 yuè qì 46
musician 音樂家 yīn yuè jiā 45
must 祇好/祇得 zhǐ hǎo/zhǐ dé 59
myopia/nearsightedness 近視 jìn shì 40

N
national anthem 國歌 guó gē 42
need 要 yào 78
need to 須要 xū yào 78
neighborhood 鄰裡 lín lǐ 57
never 從來 cóng lái 85
next time 下回 xià huí 53
nod 點頭 diǎn tóu 17
normal 正常 zhèng cháng 37
not a very long time 不久 bù jiǔ 30
not at all 別客氣 bié kè qi 81
not bad 還可以 hái kě yǐ 16; 不錯 cuò 51
not interesting 沒意思 méi yì si 74
not only/not just 不祇 bù zhǐ 59
not very 不怎麼 bù zěn me 11
not wrong 沒錯 méi cuò 51
note 注意 zhù yì 73
notify 通知/告知 tōng zhī/gào zhī 79
novel 小說 xiǎo shuō 75
now 現/現在 xiàn/xiàn zài 15
nursery rhyme 兒歌 ér gē 42

O
obedient 聽話 tīng huà 44
obviously 可見 kě jiàn 16
o'clock 點 diǎn 17
odd 不對 bù duì 50

ENGLISH–CHINESE INDEX

of the opinion 認為 rèn wéi 13
often 常 cháng 37
Oh! 哎呀!/呀! aī yā/yā 87
Okay! 好吧 hǎo ba 43
okay/all right 還好 hǎo 25
old woman 老太太/老太婆 lǎo tài tai/lǎo tài pó 29
on behalf of 為 wèi 22
on good terms 要好 yào hǎo 78
on the bed 牀上 chuáng shàng 103
one year old 週歲 zhōu suì 10
only 才 cái 52; 就/就是 jiù/jiù shì 101
only 祇/祇是/祇不過/祇有 zhǐ/zhǐ shì/zhǐ bu guò/zhǐ yǒu 59
only four years old 才四歲 cái sì suì 52
onward 以上 yǐ shàng 56
open 打開 dǎ kāi 33, 72; 開 kāi 72
opening 口 kǒu 94
operate 開 kāi 72
opinion 意見 yì jiàn 73; 高見 gāo jiàn 90
opponent 對手 duì shǒu 50
opportunity 機會 jī huì 47
oppose 作對 zuò duì 50
or else 要不/要不然 yào bù/yào bu rán 78
oral exam 口試 kǒu shì 105
orchestra 樂隊 yuè duì 46
order dishes 點菜 diǎn cài 17
ordinary 常見/平常 cháng jiàn/píng cháng 37
ordinary person 常人 cháng rén 37
originally 本來 běn lái 85
other 別的 bié de 81
other half (of a couple) 另一半 lìng yī bàn 18
other people 別人 bié rén 81
other side/other party 對方 duì fáng 50
otherwise 要不/要不然 yào bù/yào bu rán 78
outside 外 wài 58
outside the gate/door 門外 mén wài 58
outsider 外人 wài rén 58
outstanding 漂亮 piào liang 92
(one) owns/possesses 所有 suǒ yǒu 55

P

pajamas 睡衣 shuì yī 63
parachute 跳傘 tiào sǎn 48
paradise 樂園 lè yuán 46
part 地方 dì fāng 106
part/parting 分手 fēn shǒu 19; 道別 dào bié 80; 別 bié 81
pass a test/exam 考上 kǎo shàng 104
pass away/dead 去世 qù shì 54

passenger 乘客 chéng kè 82
pay/wage 工錢/工資 gōng qian/gōng zī 67
pay attention 注意 zhù yì 73
peaceful 太平 tài píng 29
performance 表現 biǎo xiàn 15
perfume 香水 xiāng shuǐ 100
perhaps 說不定 shuō bu dìng 75
permanent 永久 yǒng jiǔ 30
permitted 可/可以 kě/kě yǐ 16
pick up 拿起 ná qǐ 102
pitch (for a ball game) 球場 qiú chǎng 34
place (location) 所 suǒ 55
place/lay 放 fàng 71
place/region 地方 dì fāng 106
plan 打算 dǎ suan 33
play 打 dǎ 33; 玩 wán 61; 玩耍/遊玩 wán shuǎ/yóu wán 61
play a ball game 打球 dǎ qiú 34
player (for a ball game) 球員 qiú yuán 34
Please come! 來呀! lái ya 87
please drink 請喝 qǐng hē 96
pocket 口袋 kǒu dai 94
point 點 diǎn 17
point/mark (score) 分 fēn 19
polite 客氣 kè qi 82
pond 水池 shuǐ chí 100
ponder 思/思考 sī/sī kǎo 74
(one) possesses 所有 suǒ yǒu 55
possible 可能 kě néng 16
pour tea 倒茶 dào chá 97
pregnant 有喜 yǒu xǐ 26
pregnancy 喜 xǐ 26
preposition (grammar) 介詞 jiè cí 88
prescription 方 fāng 106
present/at present 現/現在 xiàn/xiàn zài 15
pretty good 不錯 bù cuò 51
previously 以前 yǐ qián 56
progress 進 jìn 84
pronunciation 發音/讀音 fā yīn/dú yīn 45
prosper 興 xīng 91
provided that 祇要 zhǐ yào 59
pub 酒吧 jiǔ bā 43
purposely 有意/故意 yǒu yì/gù yì 73

Q

quick meal 便飯 biàn fàn 107
quickly 急忙 jí máng 24; 趕快 gǎn kuài 70
quickly 快/快點兒 kuài/kuài diǎnr 70

R

raindrops 雨點 yǔ diǎn *17*
rank/grade 等 děng *28*
read (reading materials) 看 kàn *35*
ready to 樂意 lè yì *46*
readymade 現成 xiàn chéng *15*
realize 發覺 fā jué *64*
really/truly 可是 kě shì *16*
reason 因/原因 yīn/yuán yīn *21*; 為什麼(?) wèi shěn me *22*
reasoning 道理 dào li *80*
recall 想起 xiǎng qǐ *60*
reckon 想 xiǎng *60*
recognize 認/認得 rèn/rèn de *13*; 識/認識 shí/rèn shi *14*
recollect 回想 huí xiǎng *53*
record/phonograph 唱片 chàng piàn *41*
recover 拿回 ná huí *53*
refer to 説到 shuō dào *66*
refreshments 茶點 chá diǎn *97*
refrigerator 電冰箱 diàn bīng xiāng *39*
regard as 當作 dāng zuò *68*
regular 正常 zhèng cháng *37*
regular customer 常客 cháng kè *82*
relatives of one's mother 外 wài *58*
release 放/放開 fàng/fàng kāi *71*
relieve/help 救助 jiù zhù *109*
relieve oneself 方便 fāng biàn *107*
remember 想起 xiǎng qǐ *60*
remove 去 qù *54*
request 要求 yāo qiú *78*
residence 住所 zhù suǒ *55*
resit a test/exam 補考 bǔ kǎo *104*
return 回 huí *53*
return/give back 還 huán *25*
return/go back 回去 huí qù *54*
return a call (reply) 回電 huí diàn *39*
return book(s) 還書 huán shū *25*
return change (money) 找/找錢 zhǎo/zhǎo qián *65*
return home 回家 huí jiā *53*
return to 回到 huí dào *66*
ride 坐 zuò *86*
ringing (of bells) 鐘聲 zhōng shēng *20*
rinse 漂 piǎo *92*
rise 起來 qǐ lái *85, 102*; 起/起身 qǐ/qǐ shēn *102*
road 道/道路 dào/dào lù *80*

S

salary 薪水 xīn shuǐ *100*
same age 同歲 tóng suì *10*
sample book 樣本 yàng běn *12*
say goodbye 分手 fēn shǒu *19*
scene (of happenings) 現場 xiàn chǎng *15*
school bag 書包 shū bāo *36*
search 找尋 zhǎo xún *65*
seat 坐位 zuò wèi *86*
see 看/看見 kàn/kàn jiàn *35*; 視 shì *40*
see a patient 看病 kàn bìng *35*
see as 視為 shì wéi *40*
see ... off 歡送 huān sòng *27*
sell to 賣給 mài gěi *98*
send (a signal/message) 打 dǎ *33*
senior 太 tài *29*; 高 gāo *90*
sentence-ending particle 呀 ya *87*
separate 分開 fēn kāi *72*
set fire 放火 fàng huǒ *71*
set free 放開 fàng kāi *71*
share work 分工 fēn gōng *19*
shiny 明亮 míng liàng *93*
shout 喝 hè *96*
show 亮 liàng *93*
show improvement 進步 jìn bù *84*
sing 唱/唱歌/歌唱 chàng/chàng gē/gē chàng *41*
sing an opera 唱戲 chàng xì *41*
sing for a living 賣唱 mài chàng *41*
sing in chorus 合唱 hé chàng *41*
sing loudly 高唱 gāo chàng *41*
singer (vocalist) 歌手 gē shǒu *42*
single bed 單人牀 dān rén chuáng *103*
sit 坐 zuò *86*
sit down 坐下 zuò xià *86*
sit in silence 靜坐 jìng zuò *86*
sketch from nature 寫生 xiě shēng *38*
skip a grade/level 跳班 tiào bān *48*
sky 空/天空 kōng/tiān kōng *76*
skydive 跳傘 tiào sǎn *48*
sleep 睡 shuì *63*; 覺/睡覺 jiào/shuì jiào *64*
small token 小意思 xiǎo yì si *74*
smell 氣味 qì wèi *83*
snack 點心 diǎn xīn *17*
so/therefore 因此 yīn cǐ *20*
so long as 祇要 zhǐ yào *59*
so that 以便 yǐ biàn *107*
song 歌 gē *42*
song and dance 歌舞 gē wǔ *49*
soon 不久 bù jiǔ *30*; 快要/快了 kuài yào/kuài le *70*
sorry 對不起 duì bu qǐ *50, 102*
sound 音/聲音 yīn/shēng yīn *45*

space 太空 tài kōng 29
sparkle 亮晶晶 liàng jīng jīng 93
speak 說/說話 shuō/shuō huà 75
special 特別 tè bié 81
split up (work) 分別 fēn bié 19
sponsor 贊助 zàn zhù 109
sport shoe 球鞋 qiú xié 34
spouse 愛人 ài ren 62
square (shape) 方/四方 fāng/sì fāng 106
stage 舞臺 wǔ tái 49
stage play 話劇 huà jù 77
star (singer) 歌星 gē xīng 42
stepfather 後父 hòu fù 69
still/yet 還/還是 hái/hái shi 25
still want 還要 hái yào 25
stimulant 興奮劑 xīng fén jì 91
stingy 小氣 xiǎo qì 83
stop work 停工 tíng gōng 67
street 街道 jiē dào 80
strength 氣力 qì lì 83
strike 打 dǎ 33
study 就讀 jiù dú 101
study/investigate 考 kǎo 104
study/study room 書房 shū fáng 36
subject 話題 huà tí 77
substance 才 cái 52
sun 太陽 tài yáng 29
Sunday 週日 zhōu rì 31
supplementary income 外快 wài kuài 70
suppose 猜想 cāi xiǎng 60
sweat 汗水 hàn shuǐ 100

T

task 作業 zuò yè 68
take away (service) 外賣 wài mài 58
take back 拿回 ná huí 53
take off 起飛 qǐ fēi 102
take office 就任 jiù rèn 101
take pleasure in helping others 助人為樂 zhù rén wéi lè 109
talent 才能 cái néng 52
talented 才 cái 52
talented person 人才 rén cái 52
talk nonsense 放屁 fàng pì 71
tall 高 gāo 90
taste 味道 wèi dào 80
taste good (drinks) 好喝 hǎo hē 96
tasty 可口 kě kǒu 16
tea 茶 chá 97

tea leaves 茶葉 chá yè 97
tea set 茶具 chá jù 97
teacup 茶杯 chá bēi 99
team (for a ball game) 球隊 qiú duì 34
teapot 茶壺 chá hú 97
tease 作弄 zuò nòng 68
telephone 電話 diàn huà 39, 77
television program 電視 diàn shì 40
television set 電視/電視機 diàn shì/diàn shì jī 40
terrific 了不起 liǎo bu qǐ 102
test/exam 考 kǎo 104; 考試 kǎo shì 105
test/try 試 shì 105
test/exam question 考題 kǎo tí 104
(to) thank 道謝 dào xiè 80
That's easy! 小意思 xiǎo yì si 74
That's great! 太好了 tài hǎo le 29
(I see,) that's why 原來如此 yuán lái rú cǐ 85
the end 末尾 mò wěi 32
then 就 jiù 101; 便 biàn 107
therefore 因此 yīn cǐ 21; 所以 suǒ yǐ 56
think 想 xiǎng 60
think/believe 以為 yǐ wéi 56
think/of the opinion 認為 rèn wéi 13
think about it 想想看 xiǎng xiǎng kàn 60
think of 想出/想到 xiǎng chū/xiǎng dào 60; 思 sī 74
think over 思考 sī kǎo 74
thinking 思想/心思 sī xiǎng/xīn sī 74
thirsty 渴/口渴 kě/kǒu kě 95
thorough 週到 zhōu dào 31
three cups of hot tea 三杯熱茶 sān bēi rè chá 99
three o'clock 三點/三點鐘 sān diǎn/sān diǎn zhōng 17
thus 因而 yīn ér 21
time (measure) 鐘 zhōng 20
... to 給 gěi 98
toilet 廁所 cè suǒ 55
tone (of sound) 音 yīn 45
tone (when saying something) 口氣 kǒu qì 94
too 太 tài 29
too busy 太忙了 tài máng le 24
too late 來不及 lái bu jí 85
tool 工具 gōng jù 67
touch on 說到 shuō dào 66
toy 玩具 wán jù 61
toy with 玩弄 wán nòng 61
travel by 坐/乘坐 zuò/chéng zuò 86
travel by air/plane 坐飛機 zuò fēi jī 86
travel by sea/boat 坐船 zuò chuán 86
treat (a person) 對 duì 50
trick 花樣 huā yàng 12

(to) trick 玩弄 wán nòng 61
try/trial 試/嘗試 shì/cháng shì 105
try out 試用 shì yòng 105
try and see 試試/試試看 shì shì/shì shì kàn 105
tuck 別 bié 81
turn around 回 huí 53
turn on 開 kāi 72
two cups of coffee 兩杯咖啡 liǎng bēi kā fēi 99
two hospitals 兩所醫院 liǎng suǒ yī yuàn 55
type/kind 樣 yàng 12
type/kind 等 děng 28

U
ugly 難看 nán kàn 35
unable to help 幫不上忙 bāng bù shàng máng 108
unconciously 不知不覺 bù zhī bù jué 64
unexpected 想不到 xiǎng bu dào 60; 意外 yì wài 73
until 到 dào 66
until .../up to ... 為止 wéi zhǐ 22
upper case (in capital letters) 大寫 dà xiě 38
use 以 yǐ 56
usual 平常 píng cháng 37

V
(take) vacation 放假 fàng jià 71
variety 花樣 huā yàng 12
very 很 hěn 23
(a) very busy person 大忙人 dà máng rén 24
very fast 很快 hěn kuài 23
very little/few 半 bàn 18
very long 很長 hěn cháng 23
very low 很低 hěn dī 23
very short (height) 很矮 hěn ǎi 23
very short (length) 很短 hěn duǎn 23
very slow 很慢 hěn màn 23
very tall 很高 hěn gāo 23
view/opinion 意見 yì jiàn 73
vigorous 歡 huān 27
vision 視力 shì lì 40
voice 聲音 shēng yīn 45

W
wage/pay 工錢/工資 gōng qian/gōng zī 67
wait 等 děng 28
wait for 等候/等待 děng hòu/děng dài 28
wait for a long time 久等 jiǔ děng 30
wait until 等到 děng dào 28

wake up 睡醒 shuì xǐng 63
want 要 yào 78
want to/wish for 想/想要 xiǎng/xiǎng yào 60
watch/see 看 kàn 35; 視 shì 40
water 水 shuǐ 100
water buffalo 水牛 shuǐ niú 100
way 道 dào 80
weather 氣候 qì hòu 83
wedding dinner 喜酒 xǐ jiǔ 26
week/weekly 週 zhōu 31
weekend 週末 zhōu mò 31, 32
welcome 歡迎 huān yíng 27
west/western 西方 xī fāng 106
what's going on? 怎麼回事(?) zěn me huí shì 11
why? 怎/怎麼(?) zěn/zěn me 11
why? 為什麼(?) wèi shěn me 22
wife 太太 tài tai 29
wiling to 樂意 lè yì 46
window 窗口 chuāng kǒu 94
within 裡 lǐ 57
wonderful 漂亮 piào liang 92
(one's) words 話 huà 77
(to) work 工作/做工/打工 gōng zuò/zuò gōng/dǎ gōng 67
work (labor) 工/工作 gōng/gōng zuò 67
worker 工/工人/員工 gōng/gōng rén/yuán gōng 67
World Cup 世界杯 shì jiè bēi 99
write/compose 寫 xiě 36; 書 shū 38; 作 zuò 68
write a letter 寫信 xiě xìn 38
write characters/words 寫字 xiě zì 38
write wrongly 寫錯 xiě cuò 51
writing 寫作 xiě zuò 38
wrong 不對 bù duì 50; 錯 cuò 51

Y
years 歲月 suì yuè 10
years old 歲 suì 10
yet to ... 還/還沒 hái/hái méi 25
you're welcome 別客氣 bié kè qi 81

List of Radicals

— 1 stroke —
1. 一 one
2. 丨 down
3. 丶 dot
4. 丿 left
5. 乙 twist
6. 亅 hook

— 2 strokes —
7. 二 two
8. 亠 lid
9. 人 man
10. 儿 legs
11. 入 enter
12. 八 eight
13. 冂 borders
14. 冖 crown
15. 冫 ice
16. 几 table
17. 凵 bowl
18. 刀 knife
19. 力 strength
20. 勹 wrap
21. 匕 ladle
22. 匚 basket
23. 匸 box
24. 十 ten
25. 卜 divine
26. 卩 seal
27. 厂 slope
28. 厶 cocoon
29. 又 right hand

— 3 strokes —
30. 口 mouth
31. 囗 surround
32. 土 earth
33. 士 knight
34. 夂 follow
35. 夊 slow
36. 夕 dusk
37. 大 big
38. 女 woman
39. 子 child
40. 宀 roof
41. 寸 thumb
42. 小 small
43. 尢 lame
44. 尸 corpse
45. 屮 sprout
46. 山 mountain
47. 巛 river
48. 工 work
49. 己 self
50. 巾 cloth
51. 干 shield
52. 幺 coil
53. 广 lean-to
54. 廴 march
55. 廾 clasp
56. 弋 dart
57. 弓 bow
58. 彐 pig's head
59. 彡 streaks
60. 彳 step

— 4 strokes —
61. 心 heart
62. 戈 lance
63. 戶 door
64. 手 hand
65. 支 branch
66. 攴 knock
67. 文 pattern
68. 斗 peck
69. 斤 axe
70. 方 square
71. 无 lack
72. 日 sun
73. 曰 say
74. 月 moon
75. 木 tree
76. 欠 yawn
77. 止 toe
78. 歹 chip
79. 殳 club
80. 毋 don't
81. 比 compare
82. 毛 fur
83. 氏 clan
84. 气 breath
85. 水 water
86. 火 fire
87. 爪 claws
88. 父 father
89. 爻 crisscross
90. 爿 bed
91. 片 slice
92. 牙 tooth
93. 牛 cow
94. 犬 dog

— 5 strokes —
95. 玄 dark
96. 玉 jade
97. 瓜 melon
98. 瓦 tile
99. 甘 sweet
100. 生 birth
101. 用 use
102. 田 field
103. 疋 bolt
104. 疒 sick
105. 癶 back
106. 白 white
107. 皮 skin
108. 皿 dish
109. 目 eye
110. 矛 spear
111. 矢 arrow
112. 石 rock
113. 示 sign
114. 禸 track
115. 禾 grain

— 6 strokes —
116. 穴 cave
117. 立 stand
118. 竹 bamboo
119. 米 rice
120. 糸 silk
121. 缶 crock
122. 网 net
123. 羊 sheep
124. 羽 wings
125. 老 old
126. 而 beard
127. 耒 plow
128. 耳 ear
129. 聿 brush
130. 肉 meat
131. 臣 bureaucrat
132. 自 small nose
133. 至 reach
134. 臼 mortar
135. 舌 tongue
136. 舛 discord
137. 舟 boat
138. 艮 stubborn
139. 色 color
140. 艸 grass
141. 虍 tiger
142. 虫 bug
143. 血 blood
144. 行 go
145. 衣 gown
146. 西 cover

— 7 strokes —
147. 見 see
148. 角 horn
149. 言 words
150. 谷 valley
151. 豆 flask
152. 豕 pig
153. 豸 snake
154. 貝 cowrie
155. 赤 red
156. 走 walk
157. 足 foot
158. 身 torso
159. 車 car
160. 辛 bitter
161. 辰 early
162. 辵 halt
163. 邑 city
164. 酉 wine
165. 釆 sift
166. 里 village

— 8 strokes —
167. 金 gold
168. 長 long
169. 門 gate
170. 阜 mound
171. 隶 grab
172. 隹 dove
173. 雨 rain
174. 青 green
175. 非 wrong

— 9 strokes —
176. 面 face
177. 革 hide
178. 韋 walk off
179. 韭 leeks
180. 音 tone
181. 頁 head
182. 風 wind
183. 飛 fly
184. 食 food
185. 首 chief
186. 香 scent

— 10 strokes —
187. 馬 horse
188. 骨 bone
189. 高 tall
190. 髟 hair
191. 鬥 fight
192. 鬯 mixed wine
193. 鬲 cauldron
194. 鬼 ghost

— 11 strokes —
195. 魚 fish
196. 鳥 bird
197. 鹵 salt
198. 鹿 deer
199. 麥 wheat
200. 麻 hemp

— 12 strokes —
201. 黃 yellow
202. 黍 millet
203. 黑 black
204. 黹 embroider

— 13 strokes —
205. 黽 toad
206. 鼎 tripod
207. 鼓 drum
208. 鼠 mouse

— 14 strokes —
209. 鼻 big nose
210. 齊 line-up

— 15 strokes —
211. 齒 teeth

— 16 strokes —
212. 龍 dragon
213. 龜 tortoise

— 17 strokes —
214. 龠 flute